KB129666

8

계간 삼천리 해제집

이 해제집은 2017년도 정부(교육부)의 재원으로 한국연구재단의 지원을 받아 한림대학교 일본학연구소가 수행하는 인문한국플러스지원사업의 일환으로 이루어진 연구임(2017S1A6A3A01079517).

한림대학교 일본학연구소 일본학자료총서 II
〈계간 삼천리〉 시리즈

8

계간 삼천리 해제집

한림대학교 일본학연구소 해제

學古房

해제집 간행사

한림대학교 일본학연구소 HK+사업단 아젠다는 〈포스트제국의 문화권력과 동아시아〉이다.

이 아젠다는 '문화권력'이라는 문제의식과 관점으로 '동아시아'라는 공간을 어떻게 규정하고 해석할 수 있는가를 모색하고 고민하는 작업이며, 동시에 '제국'에서 '포스트제국'으로 이어지는 연속된 시간축 속에 '포스트제국'이 갖는 보편성과 특수성을 밝히려는 작업이 될 것이다.

이러한 아젠다 수행의 구체적 실천의 하나가 『계간 삼천리』 해제 작업이다.

이 『계간 삼천리』는 재일한국·조선인 스스로 편집위원으로 참가하여 그들의 문제를 다룬 것이며, 구체적으로는 재일조선인 역사학자 이진희와 박경식, 강재언, 소설가 김달수, 김석범, 이철, 윤학준이 편집위원으로 참여하였으며, 1975년 2월에 창간하여 12년간 1987년 5월 종간까지 총 50권이 발행된 잡지이다. 물론 재일조선인 편집인과 필진 이외에도 일본인 역사가와 활동가, 문학을 비롯한 문화계 인사들도 다수 참여하였으며, 이들 중 다수는 현재까지 재일한국·조선인 운동, 한·일 관계를 비롯한 동아시아 근현대사 연구에 관여하고 있다. 이러한 편집위원과 필진이다 보니, 여기에는 한국과 일본을 비롯한 동아시아의 정세분석, 역사문제, 재일조선인의 문화와 일상, 차별문제, 일본인의 식민 경험과 조선체험 등 다양한 주제로 망라되어 있다. 다시 말해서, 이들 기사는 1970년대 중후반과 1980년대 냉전 시대의 동아시아 속 한국과 일본, 일본 속 재일조선인과 한국 등을 가르는 문화권력 지형의 변화를 검토하는 데 유용한 자료인 것이다.

우리는 이 잡지를 통해서 '국민국가의 외부자'이면서 동시에 '국민국가의 내부자'인 재일한국·조선인의 '시각'에 초점을 맞추어 '냉전/탈냉전 시기 국민주의 성격'이 무엇인가에 대해 생각할 수 있는 기초 작업을 수행하게 된다. 이 성과는 한국사회와 일본사회 그리고 더 나아가서 동아시아 속에서 해결해야 하는 '국민국가' 문제나 '단일민족·다민족주의' 문제를 되돌아보게 하는 계기가 될 것이다. 특히 기존 선행연구들이 읽어내지 못한 재일의 세계관, 주체론, 공동체론, 전후 국가론'을 분석해 내어, 기존의 냉전과 디아스포라 문제를 '국가·탈국가'라는 이분법을 넘는 이론을 고안해 내는 데 미약하나마 일조할 것으로 생각한다.

참고로, 이 기초 작업의 주된 대상은 아래와 같다. ①동아시아 상호이해를 위한 기사('가교', '나의 조선체/조선관', '나에게 있어 조선/일본', ②당시의 동아시아 상호관계, 국제정세 시점에 대한 기사, ③조선과 재일조선인의 일상문화에 대한 기사, ④기타 좌담/대담 중 사업단 아젠다와 관련 있는 기사 등이다.

아울러 이 작업을 수행한 과정은 대략 다음과 같다.

먼저 HK연구 인력을 중심으로 TF팀을 구성하였다. 이 TF팀은 2주에 1회 정기적으로 열었으며, '가교(架橋)', '특집 대담·좌담', '회고', '현지보고', '동아리소개', '온돌방(편집후기)'을 해제 작업 공통 대상으로 선정하고 「집필요강」까지 작성하였다. 기본적으로 공동작업이라는 특성상, 「집필요강」을 엄격하게 적용하였으며, 동시에 해제 작성에 개인적 차이를 최소화해서 해제 작업의 통일성과 효율성을 최대한 확보하기 위해 노력하였다. 실제로 수합한 원고에 대한 재검토를 TF팀에서 수행하는 등 다중적인 보완장치를 마련하였다. TF팀은 현재까지 총 7권의 해제 작업을 마쳤으며, 2021년 2월 28일 자로 총 8권의 『계간 삼천리』 해제집 시리즈를 간행하게 되었다.

본 해제집이 재일한국·조선인의 시선을 통해 국가나 민족, 언어에 갇힌 삶이 아니라, 사람이라는 보편적 하나의 '삶'의 세계를 들여다보는 계기가 되었으면 하는 바람이다. 새로운 인식의 사회적 발신을 위해 『계간 삼천리』 해제 작업은 앞으로도 계속될 것이다.

일본학연구소 소장
서 정 완

목차

1986년 여름(5월) 46호

1983년 가을(8월) 47호

1986년 겨울(11월) 48호

1987년 봄(2월) 49호

1987년 여름(5월) 50호

1986년 여름(5월) 46호

가교

공출, 부역, 유랑

[架橋] 供出, 賦役, 流浪

정승박은 재일조선인 1세대 작가이다. 경상북도 안동에서 태어났으며 인부 모집에 응모하여 토목공사 일을 하는 작은아버지가 있는 일본으로 혼자 왔다. 13살 때 부락해방운동가(部落解放運動家)이며 전국수평사운동(全國水平社運動)의 지도자인 구리스 시치로(栗須七郎)를 만나 공부를 하게 된다. 농민문학회 회원으로 『농민문학(農民文學)』에 '벌거숭이 포로(裸の捕虜)'를 발표하여 농민문학상을 받았다. 저자는 이글에서 전시체제기 식민지 조선에서 어떠한 수탈과 근로 동원이 있었는지를 사실적인 체험을 바탕으로 서술하고 있다.

'만주'가 건국될 무렵 나는 철이 드는 시기였다. 어느 날 갑자기 2, 3명의 관리가 마을에 와서 서류를 나누어 주었다. 그 서류는 지금까지와는 전혀 다르게 강제적으로 할당한 고액의 납세서와 무명, 누에고치도 개인적인 사용을 금하고 공출하라는 명령서였다. 이번에는 많은 경찰 관리가 한꺼번에 몰려왔다. 온 마을에 있는 베틀은 물론이고 솜을 타는 도구에서 물레까지 들고 나왔다. 이런 물건이 있으니까 공출을 하지 않고 멋대로 무명을 사용한다는 듯이 근처 하천에 쌓아놓고 가차 없이 불을 질렀다. 모두가 목제여서 순식간에 불길이 치솟았다. 오랜 세월을 가보처럼 여기며 사용해 온 도구는 한순간에 재가 되었다.

페이지
14-17

필자
정승박
(鄭承博, 1923~2001)

키워드
공출, 부역, 유랑,
공세(公稅), 동원

해제자
김현아

그뿐만이 아니다. 집안을 샅샅이 뒤져 현물이 되는 무명과 누에고치를 숨겨둔 집 주인을 한 사람씩 양손을 묶어 끌어냈다. 우리 집도 할아버지, 할머니가 계셔서 노인용 이불에 사용하는 무명을 조금 숨겨둔 것이 그만 발각되어, 아버지가 끌려갔다. 이렇게 연행된 사람들은 고문을 당하고 얼마간의 벌금과 서약서를 쓰고 풀려났다.

세금 공세가 심해짐에 따라 그해에 수확된 쌀과 보리를 팔아야만 했다. 내가 10살이 될 무렵에는 집에 먹을 것이 없었다. 물을 사용할 수 없는 논이나 황무지를 개간하여 재배한 조와 수수, 감자 같은 것을 먹었는데 이것도 초봄이 되면 어김없이 바닥이 났다. 기아 직전이 되었을 때 산과 들에는 나무의 싹과 들풀이 나기 시작하였다. 이것도 쉽게 얻을 수 있는 것이 아니다. 온 마을 사람들이 똑같이 힘든 생활을 하고 있어 일제히 뛰쳐나가서 막 나오기 시작한 새싹을 앞다투어 채취하려고 하였다.

이런 마을을 더욱 궁지로 몰아넣은 것은 부역이라는 인간 동원이었다. 우리와는 아무런 상관이 없는 넓은 도로를 만드는 공사에 사람들이 불려 나갔다. 한 가구당 월 몇 명이라는 할당제 부역이었다. 아직 어렸지만 나도 아버지를 대신하여 몇 번이나 나갔었다. 조로 만든 죽이 든 도시락을 들고, 아침 일찍 10리가 되는 현장까지 걸어가서 해가 질 때까지 호된 노동을 하였다.

이 무렵부터 급격히 부랑자 수가 늘어났다. 온 가족이 마을들을 돌며 구걸하는 거지 무리이다. 애써 재배한 농작물도 세금으로 빼앗기고 부역에 동원되는 처지라 농민들은 정착할 수도 없었다. 집을 버리고 마을을 떠나는 방법밖에 없었다. 그 증거로 아이를 데리고 구걸하는 사람이 많았다.

같은 시기에 이번에는 마을에 일본인 고리대금업자와 토지매입자가 찾아 왔다. 생각에 따라서는 논밭을 모두 일본인에게 넘기고 소작인이 되는 쪽이 세금 공세와 공출 고통에서 벗어나기 때문에 살아남을 수 있는 길이라고 생각했을지도 모른다. 눈에 띄는 전답 대부분이 일본인 명의로 바뀌고 남아있는 것은 조와 수수 같은 것 밖에 경작할 수 없는 산에 있는 밭만 남게 되었다. 이런 상태에 빠져도 어떻든 마을에 사는 사람들은 그런대로 운이 좋은 편이다. 우리 마을에서도 이 여파로 아마 부랑자가 된 사람도 있었을 것이다. 몇 집은 마치 밤도주 하듯이 어느 날 갑자기 보이지 않았다.

가교

'장승'을 TV에서 보고 기사카타象潟를 생각하다

[架橋] 'チャンスン'のテレビをみて象潟を思う

고토 나오시는 잡지 『나오시(直)』의 편집 발행인이다. 이글에서 저자는 한국과 일본의 장승에 관련하여 방영한 일본 TV 프로그램을 보고 아키타현(秋田県) 기사카타(象潟)라는 지역에서 조선으로부터 도래한 문화의 자취를 찾아 설명하고 있다.

나는 1986년 3월 23일에 방영한 일본 TV 프로그램 "알려지지 않은 세계, 장승의 비밀 - 한국과 일본을 탐색한다"를 시청하였다. 장승이란 마을 입구에 세우는 '천하대장군' '지하여장군'이라고 새긴 장대로 어떤 의미에서는 조선의 얼굴이다(도쿄 근교에서는 고마역(高麗駅) 앞에서 장승을 볼 수 있다). 장승은 오래전부터 내려오는 민간신앙이기도 하고, 병을 낫도록 기도드리는 신이기도 하여 오랫동안 민중에 의해 지켜져 왔다. 마을에 들어오는 사람들을 따뜻하게 맞이하는 푯말이기도 했다.

일본해(日本海)에 근접한 목재(木材) 마을인 아키타현(秋田県) 노시로시(能代市) 쓰루가타(鶴方)에서는 마사키사마(正鬼様) 남삼체(男三体), 여삼체(女三体)를 나무뿌리를 거꾸로 하여 만든다. 이것은 분명히 조선에서 아주 오래전에 건너온 풍습의 흔적이다. 노시로의 해안은 어느 나라의 배인지 알 수 없는 작은 배가 가끔씩 파도에 밀려오는 장소로 신문 등에서 보도된다. 올 3월에 간행된 김달수(金達寿)·다니가와 겐이치(谷川健一) 편 『고대 일본문화

페이지
17-20
필자
고토 나오시
(後藤 直, 미상)
키워드
장승, 아키타현
기사카타, 조선, 도래
문화, 신공황후
해제자
김현아

의 원류(古代日本文化の源流)』[가와데문고(河出文庫)]를 읽고 얼마 되지 않아 TV에서 노시로의 장승을 보고 나는 고향의 기사카타(象潟)를 상기했다.

기사카타는 일본해의 아키타현 최남단에 위치한 1만 5천 명 정도가 사는 반농반어(半農半漁)의 작은 마을이다. 일본해와 조카이야마(鳥海山)라는 자연을 기반으로 관광으로 살아가는 마을이다. 김달수 씨가 언급한 것처럼 간만지(蚶滿寺)를 빼놓고는 기사카타를 이야기할 수 없다. 간마지 경내에는 신공황후(神功皇后)와 그의 아들 응신천황(應神天皇)을 모시는 야하타신사(八幡神社)가 네 곳이나 현존하고 있고, 신공황후의 전설은 농후하게 남아있다. 일본 고대사의 4~5세기는 암중모색 의문의 상태였으므로 그것을 채우는 것은 신공왕후의 연구라고 기사카타의 향토역사학자들은 진지하게 믿고 있었던 것 같다.

기사카타 마을의 이름에는 조선 혹은 도래 문화와 관련된 명칭과 신공황후와도 관계있는 것이 많이 있다. 예를 들면 고바마[小浜, 와카사(若狭)의 오바마(小浜)에서 왔다고 생각되지만, 신공황후의 부하인 고마바노슈쿠네(小浜宿彌)에서 유래했다고 한다]. 가무르이시(冠石: 신공황후가 관을 두었던 돌이 있는 곳에서 유래한 말이다). 가라가사키(唐ヶ崎). 아라야(荒屋). 아라고야(荒古屋, '아라(安羅)와 관계가 있는 것 같다'. 근처 마을에는 하타[畑, '하타(秦)']라는 마을이 있다. 이 외에 와니가후치(鰐ヶ淵)라는 지명, 가라토이시(唐戸石: 5입방 미터나 되는 거석)등이 있어 흥미를 돋운다.

여담이지만 『우다이콘도히사쿠(宇内混同秘策)』(1823년)를 썼고, 조선을 속국으로 취급하는 사상을 품고 있었던 유명한 국학자인 사토 노부히로(佐藤信淵)의 증조부 겐안(元庵)은 기사카타의 나누시(名主)의 한 사람이며, 스다소사에몬(須田惣左ェ門) 집안의 출신이다. 노부히로는 픽션인 '삼한정벌(三韓征伐)'의 신공황후 전설을 선조로부터 전해 듣고 그것을 정사(正史)로서 믿고 있었기 때문에 그와 같은 사상을 갖게 되었을 것이다.

가교

‘역풍’ 속에서

[架橋] ‘向かい風’の中で

고야마 아쓰시는 저널리스트이다. 이글은 저자가 1985년 5월에 지문날인제도를 철폐하는 모임을 발족하고 집회를 결성하여 지문날인 거부 운동을 전개하면서 느낀 내용을 담고 있다.

페이지
20-23

필자
고야마 아쓰시
(小山 敦史, 미상)

키워드
지문날인제도 철폐 운동,
지문날인 거부재판,
조선인 차별,
강제연행, 강제노동

해제자
김현아

1985년 5월에 ‘지문날인제도를 철폐시키는 모임·기타큐슈(北九州)’(이하, 철폐회)를 발족하였다. 기타큐슈에서는 최창화(崔昌華)·최선애(崔善愛) 부녀의 지문날인 거부재판을 지원하기 위한 모임이 1983년 가을부터 결성되어 활동하고 있었다. 1985년에 거부 운동이 고조되면서 ‘단순히 재판을 지원하는 것만이 아니라 더욱 능동적으로 투쟁해야 한다’는 목소리가 젊은 거부자를 중심으로 나오기 시작했다. 그들은 5월 12일에 ‘부수자! 지문날인제도 5·12 시민집회’를 위원회방식으로 실시했는데, 이것이 사실상 철폐회의 시작이었다. 8월 20일에 후쿠오카 지방법원(福岡地裁) 고쿠라지부(小倉支部)에서 최창화·최선애 부녀에게 ‘유죄, 벌금 1만엔’의 판결이 내려졌다.

1985년 10월 11일에 재일본 대한민국 거류민단(在日本大韓民國居留民團)이 지문날인 유보 운동의 수습을 결정했다. 12월에는 법무성이 거부자의 재류 기간 갱신을 허가하지 않는다는 방침을 표명했다. 12월 1일에 조선인차별을 채택하려고 하지 않는 기타큐슈시(北九州市)의 인권주간(人權週間)에 항의하는 것을 포함하여, 철폐회는 1세대 할머니로부터 강제연행·강제노동에 관한 이야기를 듣는 집회를 기획했다.

두 분 할머니는 각자의 체험을 생생하게 이야기해 주었다. 강제연행 된 남편을 따라 아이를 등에 업고 말도 통하지 않는 일본 항구에 내렸을 때의 불안. 치쿠호우(筑豊)의 탄광에서 야반도주하려다 실패해서 목검으로 두들겨 맞고 피투성이가 된 남편을 병간호한 나날. 전후에 도둑이 들었는데 남편이 범인으로 몰려 경찰에 2개월이나 유치되었던 억울함.

자녀와 손자들에게조차 말하지 않았던 괴로운 체험을 백 명이나 되는 사람들 앞에서 말을 해본 적이 없었을 것이다. 말을 잘 할 수 있을지 마음을 졸인 사회자가 사전에 회의를 한 차례 하기는 했는데, 할머니는 자리에서 일어나서 이야기를 시작하더니 기관총처럼 말이 튀어나왔다. 울먹이는 목소리로 가슴을 주먹으로 두들기면서 '답답하다, 답답하다(억울하다)'고 몇 번이나 말을 반복했다.

이어서 할머니 이야기를 들으면서 눈물을 뚝뚝 흘리고 있던 22살의 2세대 청년이 마이크 앞에 섰다. 그는 일본인 여자와 연애를 하고 결혼을 하려고 했는데 양가 부모가 맹렬히 반대하여 결혼하지 못하고 애인과 헤어지게 된 경험을 이야기하였다. '할머니 이야기에 공감하지만, 한국인도 일본인도 같은 인간이니, 이해해 주세요'. 그는 나름의 생각을 주장하고 있었다.

올해에도 철폐회는 '역풍' 속에서 활발하게 악전고투하고 있다. 나는 기사를 쓰는 동안 철폐회 운동과 관련된 사람들과 교제를 돈독히 하면서 최소한의 취재만을 하는 기자로 있을 수가 없었다. 그만큼 만났던 사람들이 매력적이었다. 자이니치는 자이니치 나름대로, 일본인은 일본인 나름대로 많은 사람이 자신의 삶과 연관되는 곳에서 날인을 거부하고 기타큐슈시에 불평을 말한 것에서 알 수 있듯이 판결에 실망하고 있었다. 무엇보다도 사람들은 미래를 지향하고 있었다. 특히 미래를 지향하는 젊은 세대의 밝은 모습은 눈부실 정도이다.

좌담회

재일조선인의 현재-가나가와현 외국인 실태조사를 통해-

[座談会] 在日朝鮮人の現在—神奈川県外国人実態調査から—

페이지
53-67

필자
고도변(高道變, 미상),
배중도(裵重度, 미상),
문경수(文京洙, 미상),
이희봉(李喜奉, 미상)

키워드
재일조선인,
가나가와현 외국인
실태조사, 일본 국적,
본명, 민족교육

해제자
김현아

고도변은 경상남도 출생으로 일본에 온 지 40년이 된 1세대이다. '재일동포의 생활을 생각하는 모임'에 참여했다. 배중도는 도쿄 출생으로 2세대이며 1974년에 만들어진 '재일한국인 문제연구소'에서 근무하였고, 지문날인문제와 관련된 활동을 하였다. 문경수는 이와테현(岩手県) 출생으로 동인지 『나그네』를 연 1회 발행하고 있으며 '자이니치' 문제에 관해 쓰고 있다. 이희봉은 아키타현(秋田県) 출생이며 18살 때 도쿄로 왔고 딸이 받은 차별체험이 계기가 되어 학교와 지역 사회에 관심을 가지고 활동하였다.

계간 삼천리 제44호에서는 가나가와현(神奈川県)의 외국인 실태조사(1984년 여름)에 관여했던 분들의 체험담을 게재하였다. 그때 조사 대상이었던 재일조선인 측의 의견도 다루어달라는 요망이 있어서 이 좌담회 자리를 마련하여 실태조사 및 조사결과에 대한 느낀 점을 이야기하고 재일조선인의 현 상황을 논의하였다.

배중도: 조사 결과를 보고 평소 내가 생각하고 있는 것과 약간 다르다는 느낌이 들었다. 젊은 재일동포 세대와 나 자신이 실감하는 것과 왜 다른지를 생각해 보았다. 하나는 샘플 대상이었던 사람들의 연령구성이다. 1세대와 2세대에 가까운 사람들이 상당수 포함된 것이다. 또한 '자신의 장래 희망'이라는 항목을 보면 연대별로 구분해서 분석하고 있는데 '일본에서 민족의 긍지를 갖는 생활'이

라는 선택에서는 국적을 어느 쪽으로 하는지 불분명하다. 그것이 분명해지면 상당히 다른 결과가 나왔으리라 생각한다.

이희봉: 우리 동포의 상황, 생각을 그대로 말하는 것이 아니라 거기에서 벗어나고 싶다는 원망(願望)으로 응답한 부분이 있다고 생각한다. 예를 들면 일상적으로 조선어가 사용되고 있다는 응답이 비교적 많았는데, 내가 평상시 교제하는 범위에서는 그런 일이 거의 없다. 그리고 본명(本名)과 통명(通名)에서도 나의 상상과는 꽤 다른 숫자가 나왔다.

문경수: 보고서를 읽고 의외로 풍화가 진행되지 않았다고 느꼈다. 1980년 무렵에 법무성이 컴퓨터를 사용하여 산출한 숫자가 있다고 한다. 그것에서 재일조선인은 앞으로 25년이 지나면 1세대는 사라지고 거의 동화해 버린다고 예측했다고 한다. 하지만 보고서를 읽고 그렇지 않을 것이라는 미더운 마음이 생겼다. 잠재적으로는 일본 국적을 취득할 수 있으면 취득하고 싶지만, 민족성은 유지하고픈 생각이 20대, 30대에게는 상당히 있다고 생각한다.

이희봉: 생활을 위해서 일본 국적은 필요하다고 생각해도 마음속으로는 그렇지 않다는 재일동포의 변화하고 있는 마음을 읽을 수 있었다. 그래서 전혀 절망적인 상황은 아니라고 생각한다. 일본사회의 제거하기 어려운 차별상황 속에서 귀화인구가 아직 이 정도라는 것은 차별받는다는 부조리에 대한 의분(義憤)이 있다는 것이다. 재일동포는 힘들게 투쟁하며 살아왔기 때문에 그리 간단히 귀화하지 않는다고 생각한다.

편집부: 자녀에게 민족교육을 '꼭 받게 하고 싶다' '가능하면 받게 하고 싶다'고 대답한 사람이 52.5%로 자녀에게 민족적인 소양을 주고 싶다는 희망이 강한 것으로 나왔다.

문경수: 설문의 '자녀에게 어떠한 장에서 민족교육을 받게 하고 싶은가'라는 항목에 '가정 내에서 한다'는 응답이 33%를 차지하고 있다. 이것은 민족교육을 받게 하고 싶은데 민족학교도 안되고 일

본학교도 안된다는 '자이니치'의 복잡한 사정으로 이렇게 표현할 수밖에 없었다고 생각한다.

배중도: 방법이 없으니까 집에서 한다는 것인데 정말로 가능하다고 생각하는가 하면 그렇지도 않다. 그러함에도 불구하고 민족교육을 어떠한 형태로든 받게 하고 싶다는 부모가 많다는 것이다.

이희봉: 재일동포의 경우는 영세한 자영업이 많고 직장인이라도 영세기업에 다니고 있어서 노동 조건이 열악하다. 즉 생활에 쫓겨서 가정교육을 어떻게 해야 할지를 생각할 여유가 없다. 이러한 현실 속에서 가정에서 민족교육을 한다고 해도 실제는 아무것도 할 수 없다. 그러므로 교육 문제는 개인 차원에서 해결하는 것이 아니라 재일동포 전체가 진지하게 고민해야 한다고 생각한다. 재일조선인의 미래를 생각한다면 자녀를 제대로 교육해야 한다.

고도변: 재일동포 1세 입장에서는 자녀의 교육은 절실한 문제이다. 일본의 학교에서 교육을 받으면 일본인도 조선인도 아닌 인간이 형성되어 자기의 민족과 부모가 살아온 시대를 이해하지 못하는 인간이 되어 곤란해진다. 그러한 고뇌가 민족교육의 절실함으로 이어지고 있다.

편집부: 장래 '일본 국적을 취득할지도 모른다'라고 응답한 사람이 15.2%이고, '일본 국적을 취득하고 싶다'고 응답한 사람이 21.9%인데 이것을 어떻게 생각해야 하는가.

고도변: 나는 많은 응답에 놀랐다. 분명히 일본 국적을 취득하면 취직하기 쉬운 면이 있고 경제적으로 다소 장점이 있을지 모르겠지만 그 이상으로 인간으로서는 외로울 것이다. 귀화한 사람들이 모여서 모임을 만드는 것도 그 때문일 것이다. 그러함에도 생활의 편법(便法)으로 국적을 변경해버린다.

문경수: 국적 문제로만 생각하면 국적을 상대화해서 민족적인 것을 포함하여 다양한 태생을 가진 일본인이 나와도 괜찮지 않을까 말하는 사람도 있다.

배중도: 문제는 정말로 국적을 상대화할 수 있을지가 문제다. 논리적으로는 상대화가 가능하다고 생각해도 인간은 논리만으로 움직이는 것이 아니라서 실제로 상대화가 가능할지 나는 갈등하고 있다. 나는 민족=국가라고 생각하고 있는데 그것이 지금의 현실에 적용되고 있는가이다. 민족=공동체라는 시좌, 즉 본국과 마주하고 본국과 접촉을 취하지 않으면 자신의 민족성이 유지되지 않는다고 생각한다. 그러기보다는 반대로 '자이니치' 속의 민족집단, 민족의 공동체라는 것과의 관계에서 자신의 민족성을 유지하는 그러한 방향성이 생겨나지 않을까.

고도변: 일본 국적을 취득하는 사람이 증가하고 있는 것은 현실이고, 그들과의 관계성을 유지하면서 '자이니치'의 생활을 모색하려는 것은 알겠지만, 국적을 상대화한다는 것은 1세대에게는 감정적으로 잘 이해되지 않을 것이다.

문경수: 가능하면 조선인으로서 살아가고 싶은데, 사회적인 억압 속에서 갈등하면서 통명을 사용하며 생활해야 하는 부분과는 다르게 '가능하면'이라는 마음조차 사라져서 자연스럽게 풍화하여 일본인화하는 부분도 나오는 것은 아닐지.

이희봉: 일본의 현 상황에서 일본에 귀화라는 형태로 민족적인 주체성을 유지한다는 것은 있을 수 없다고 생각한다. 일본 정부는 일관되게 추방 아니면 동화라는 대응을 해오고 있다. 그런데도 일본국가에 속한 인간에게 어떻게 자연스러워질 수 있을지라는 생각이 들기 때문이다.

배중도: '국적'을 갖고 있어서 민족적인가 하면 그렇지 않다. 문제는 거기에 있다. 일반적으로는 민족=국가라는 개념이 강하지만 그러한 굴레에서 해방되어도 괜찮지 않을까 하는 생각을 마음속으로 하고 있다. 그러나 그렇다고 해서 귀화를 긍정한다는 것은 아니다.

지문거부의 투쟁에서 지금 '자이니치'를 생각한다

하루하루의 생활 속에서

[指紋拒否の闘からいま'在日'を考える] 日々の生活の中で

페이지
73-75
필자
이상호(李相鎬, 미상)
키워드
지문거부, 단식투쟁,
일본 사회,
일본인과의 교류,
자이니치의 생활,
해제자
김현아

이상호는 이 글에서 재일조선인 스스로가 자신의 존재를 소중히 생각하면서 '함께 사는' 내일을 꿈꾸기 위해서는 일본 사회를 열린 사회로 만들어야 한다. 그래서 차별과 투쟁하며 스스로 차별성을 극복해 나가야 조선인과 일본인의 새로운 관계를 형성할 수 있다고 말하고 있다.

나는 도쿄의 지문날인거부 예정자 회의 등이 주관하는 2월의 긴급행동 릴레이 단식투쟁에 참여하였다. 나는 가와사키(川崎)의 에드워드 신부(神父), 맥심 신부와 함께 메지로(目白) 가톨릭교회 앞에서 2일 동안 단식투쟁을 하였다. 에드워드 신부 등은 단식투쟁을 하면서 지나가는 사람들에게 지문문제를 이야기하였다. 그러나 장소의 성질상 사람의 왕래도 적고 반응도 부족했다. 문득 이곳이 마침 초등학교 통학로임을 알아차리고 어린이들을 어떻게든 이해시키는 방법은 없을까 생각했다. 이틀 전에 가와사키의 세이큐샤(青丘社)에서 만든 가미시바이(紙芝居) '에드워드 아저씨의 이야기'를 가지고 오도록 하였다. 이 가미시바이는 에드워드 신부가 내가 체포되었던 것에 항의하며 지문거부를 하였는데(1985년 5월), 그 후 프랑스에 사는 아버지가 돌아가셔서 일시 귀국해야 하는 사정으로 지문날인을 하지 않을 수 없었던 그때 이야기를 토대로 만든 것이다.

우리는 어린이들을 불러 모아놓고 가미시바이를 보여주었다. 어린이들은 상당히 열심히 보았다. 어린이들에게 '재입국불허가'라는 말의 의미는 어려워도 그 일로 인해 눈물을 흘린 에드워드 신부의 마음은 충분히 전해진 것 같았다.

며칠 후 가미시바이를 본 초등학교 3학년 여자 어린이로부터 에드워드 신부, 맥심 신부 그리고 나에게 격려의 편지가 왔다. 그녀에게는 에드워드 신부에 대한 일본 정부의 처사가 '심술궂은 나라'로밖에 보이지 않았던 것 같다. 그리고 어린이 나름의 격려의 말을 힘껏 표현한 내용이었다.

일본에 뼈를 묻고 싶다는 에드워드 신부와 맥심 신부 그리고 '자이니치'로 살아가려는 우리에게 그녀의 편지는 과장되게 말하면 일본 땅에서 살아가는데 커다란 초석이 되는 것처럼 느껴졌다. 그리고 세이큐샤에 참석하는 일본인 어린이 중에도 초등학교 졸업기념 문집에 나의 체포에 대한 부당성을 호소하는 작문을 실었다. 그것은 어른이 시켜서가 아니라 일상에서 접한 우리를 보고 느낀 그대로를 쓴 것이었다. 일본인 어린이들에게 있어 재일외국인 또는 재일조선인과 직접 만나는 기회를 가진 일이 순수하게 반응시킨 것은 아닐지.

나는 어린이들의 편지를 읽었을 때 앞에서 말한 초등학생 편지가 생각난다. 그저 짧은 만남과 교제만으로도 서로 통하는 마음이 생겼다. 그녀는 우리와 알 수 있게 되어 좋았다고 편지를 썼다. 나는 진정한 교육이란 이와 같은 것이 아닐지 새삼 느끼게 되었다. 그리고 가미시바이의 호소에 훌륭하게 응답해준 어린이들에게 다음에는 무엇을 보여줘야 할지를 생각하지 않을 수 없다.

재일조선인도 3세대가 많아졌다. 일본인과의 교류는 더욱 돈독해질 것이다. 그러나 민족차별에 대해 터부시하는 상황이 계속되는 한 재일조선인은 조선인으로서 일본 사회에 참여할 수 없을 것이다. 또한 재일조선인뿐만 아니라 다양한 형태로 소외된 사람들이 나타나게 될 것이다.

지문거부의 투쟁에서 지금 '자이니치'를 생각한다

실태로서의 '자이니치'를 생각한다

[指紋拒否の闘からいま'在日'を考える] 実態としての'在日'を生きる

강박은 이 글에서 외국인이라고 해서 일본 사회에 존재하는 다양한 문제를 외면해서도 안 되고 조선인이기 때문에 일본인에게 거리를 두어서는 안 된다. 일본인과 함께 적극적으로 책임을 지고 가는 것이 의미 있는 일이다. 즉 일본 사회의 '실태'를 공유해가면서 지역 구성원의 한 사람으로서 적극적인 자세로 살아가는 것이 '자이니치를 사는' 방법이라고 설명하고 있다.

페이지
79-81

필자
강박(姜博, 미상)

키워드
자이니치의 실태,
조선인이라는 사회적
사실=본명,
일본 사회의 차별,
공생, 공존

해제자
김현아

나는 가장 가까운 곳에 존재했던 부모·형제 그리고 그들을 통해 이해한 '조센징'으로부터 벗어나 일본 사회에 허용되는 존재(그것은 바로 일본국가의 이익에 있어 필요한 존재를 의미하는 것이지만)가 되기 위한 노력을 필사적으로 해왔다. 그 결과 나는 사회적 사실인 조선인인 것 그 자체를 부정하게 되었다. '조센'에 불만을 터뜨렸던 것은 나에 대한 것이 아니라 '그들'에 대한 것이라고 이해하려고 노력했다. 그 결과 나는 누구와 함께 무엇을 지향해야 할지 인간의 존재의식 그 자체를 상실하고 있었다. '조센'인이라는 사회적 사실을 부정하고 감추기 위해서 전력을 기울이고 모든 구체적인 과제를 포기했다.

본명(강박이라는 이름)은 나에게 단순한 성명이 아니라 나에게 '나는 조선인이다'라는 사회적 사실을 들이대는 것이었다. 그것은 결코 국적으로서 나에게 '나는 외국인이다'라는 사실을 전하는 것은 아니었다. 나는 어릴 적부터 '나는 일본인이 아니다'는 사실을 분명히 알고 있었다. 나는 '조선인이라는 사회적 사실'을 즉 본명을 쓸 때(조선인인 것을 분명히 한다)까지 받아들일 수 없었다. 본명은 나를 조선인이라는 사회적 존재(그것은 그야말로 일본 사회의 조선인 생활실태 그 자체)로 연결하였다. 그것은 일본 사회로부터 멸시당하고, 나의 눈(일본인의 눈)에 불결하고 단정하지 못하게 비쳤던 그 존재 자체를 받아들이는 계기가 되었다.

한국이 경제적으로 발전·성장을 했기 때문에 일본으로부터(주위의 일본인의 눈에) 평가를 받게 되어서 (재일조선인으로) 될 수 있었다는 것은 아니다. 자이니치를 살아가는 '나'에게 있어 일본 사회에서 존재 그 자체를 부정당하고 배제되어 스스로 비하하는 동포 집단이란 틀림없이 나 자신이기 때문이다.

지금의 일본 사회에서 일본인이 '민족적'으로 생활하는 것은 인간답게 사는 일과 모순된다고 할 수 있다. 그 이유는 일본 사회에서 일본인에게 있어 민족이란 일본민족이(국가에 있어 유해무익한) 타자를 배제하고 일본국가의 국익으로 이어지기 위한 존재로서 널리 정착되고 있기 때문이다. 이 민족성은 물론 일본국가·일본 민족에게 고유하고 특유한 것이 아니다.

재일조선인(일본 사회에서 조선인으로서 사회실태를 껴안고 있는 사람들)이 자이니치를 민족적으로 살아가는 것은 자신이 존재하는 지역(즉 일본 사회)을, 타자를 배제하는 것이 아니다. 공생할 수 있는 지역, 타자를 동화하는 것이 아니고 공존할 수 있는 지역을 창조해 가기 위해서 일본인과 적극적으로 이어지는 것을 의미한다.

배제되고 외면당하는(스스로 적극적으로 일본 사회에 이어지려고 하면서 자기를 비하해 왔다) 조선인이 '조선인으로 태어나서 좋았다'고 실감할 수 있는 사회 창조를 지향한다면 차별사회를 용인하고 차별상황을 보완해서 그대로 방치하는 지문제도(에 나타나는 차별실태)의 존재를 결코 용인해서는 안 된다.

지문거부의 투쟁에서 지금 ‘자이니치’를 생각한다

나의 ‘자이니치’

[指紋拒否の闘からいま‘在日’を考える] わたしの‘在日’

페이지
81-83

필자
양용자(梁容子, 미상)

키워드
자이니치의 정의, 민족차별, 성차별, 재일조선인 여자, 조선인 여성해방운동

해제자
김현아

저자는 이 글에서 사람은 자신만의 한 그루의 나무로서 가지를 키워나간다. 그 모습에서 사람들이 메시지를 헤아려야 한다고 말한다. 다양한 모습을 인정하라고 일본인에게 설교하기보다는 다양한 모습으로 파생되어 가는 삶의 재미를 견제하거나 포기하는 측면이 있다. 재일조선인 인생은 좁아서 시시하다는 생각을 하게 되는 데에는 차별에 의한 후유증후군(後遺症候群)에 걸려있기 때문이라고 표현하다.

20대 때 자주 했던 논의. 닭이 먼저냐 달걀이 먼저냐. 즉 존재자가 삶의 가치를 만드는가, 논리가 존재자를 규정해 가는가. 찻집 구석 자리를 커피 한 잔으로 차지하고 열띤 논의를 했던 친구들도 지금은 이제 엄마, 아빠가 되고 어떤 친구는 스스로 이 세상을 떠났다.

‘무엇을 위해서, 누구를 위해서, 어떠한 방향에서 어떻게 살 것인가, 그것이 조국 통일에 어떤 의미를 가져오는 걸까’라고 친구가 질문하자 나는 눈을 크게 뜨고 ‘너 좀 철공소에서 기름투성이가 되어 일해 봐’라고 대답했다. 그 친구가 몇 년 후 자살했다. 무엇을 먹는지, 이름, 언어, 그리는 그림과 노래 내용을 하나하나 문제시하는 ‘자이니치’의 정의는 때로는 사람을 노이로제에 걸리게 할 정도이다.

나는 30대가 되어 '다테마에(명분)'보다 '혼네(본심)'를 소중히 하는 여자들 집회에 참석하는 일이 많아졌다. 당연히 나의 주위에 일본인 여자 친구가 많아지기 시작했다. 언젠가 나는 조선인 여성으로부터 '당신은 일본인 측에 있는 것인가, 조선인 측에 있는 것인가'라는 비난을 받았다. 그 질문 자체가 나에게는 난센스였으므로 대답을 하지 않았더니 똑같은 비판을 자주 듣게 되었다. 이 기회에 아직은 구체적인 형태를 이룰 수 없는 답답함을 가지고 있을지라도 내 삶의 방향성을 드러내 보고 싶다.

① 먼저 여자라는 삶의 위치가 '피차별'의 상황에서 모든 계급을 관철하고 있다는 것

② 민족차별과 성차별의 이중지배에 고통 받고 있는 여자들이 짊어지고 있는 것을 어떻게 하면 극복해 갈 수 있을지를 생각하며 모든 여자와 교류하는 것은 중요한 일이라고 생각한다. 그것은 제3세계의 여자들과 흑인들, 그리고 식민지지배 하에 있는 여자들의 공통된 과제라고 생각한다. 하지만 나는 일본인 여자들과 동등하게 어깨를 나란히 하려고 생각한다. 비하하지 않고 아첨하지 않으며 교만하지도 않을 것이다.

그리고 나의 주장을 덧붙인다면 재일조선인 여자들은 정치적인 대립과 국가의식에 동조하고 있는 남자들의 상황을 초월하고, 낡은 습관과 관례를 타파하면서 강렬한 '자이니치'의 아이덴티티를 확립할 수 있다고 생각한다. '인종과 문화의 차이는 다양하지만 여자로서의 상황은 그 이상으로 공통된 점이 많다'고 한 친구의 말을 나는 깊이 새겨듣고 싶다.

나의 신체 속에는 이미 일본인·조선인이라는 구분은 없어지고 '여자'일 뿐이다. 그런 점에서 '남자들과 함께 투쟁해야 한다'는 비판이 있는데 그 점에는 남자들의 상당한 개혁이 우선 제기되어야 한다. 도미타(富田) 오사카부경(大阪府警) 외사과장(外事課長)이 발언한 '나라로 돌아가, 그렇지 않으면 귀화하라'는 내용과 '내 명

령에 따라라 그것이 아니면 나가라! 여기는 내 집이야!' 하며 엄마와 아이들에게 소리친 아버지의 말이 나에게는 같은 소리로 들린다. 많은 사람이 도미타 씨에게 크게 항의했다. 하지만 일본인의 배외사상이 형태를 바꾸고 성질을 변화시켜 언제나 여자들을 남자의 논리에 '동화'하거나 '배제'하는 것을 의식하고 있는 사람은 많지 않다. 반발도 비판도 각오하고 나는 '자이니치' 조선인 여성해방 운동을 확산시켜 나가려고 한다.

사할린 잔류조선인 문제-희망을 가질 수 있을까-

サハリン残留朝鮮人問題—希望を持てるか—

다카기 겐이치는 만주에서 출생했고 도쿄대학(東京大學) 법학부를 졸업했다. 변호사이며 아시아에 대한 전후 책임을 생각하는 모임의 운영위원이다. 1975년에 사할린 잔류한국인 귀환문제로 소송운동을 전개하고 원고 변호단 사무국장이 되었다. 그 후 종군위안부 문제와 아시아 전체의 전후 보상문제에 관여해 왔다. 주요 저서에는 『종군위안부와 전후보상(従軍慰安婦と戦後補償)』, 『사할린과 일본의 전후 책임(サハリンと日本の戦後責任)』, 『지금 왜 전후보상인가(今なぜ戦後補償か)』 등이 있다. 이 글에서 저자는 한일 양국 친선을 정부 당국자 간에 거듭 확인을 하고 한일경제교류가 아무리 활성화되어도 그 토대인 민중 차원에서 식민지 시대의 청산과 전후처리가 이루어지지 않으면 진정한 우호 관계는 구축할 수 없다고 말한다. 그리고 잔류조선인 귀환운동은 일본의 전후처리와 책임을 느끼는 사람들과 여론에 의해 지탱해 왔다. 한국과 일본의 변호사로 이루어진 모임의 활동과 국제연합 인권위원회의 의제가 되어 국제적인 주목을 받고 있는데 한층 강력한 여론 환기가 필요하다고 강조한다.

페이지
161-167

필자
다카기 겐이치
(高木 健一, 1944~)

키워드
사할린 잔류조선인 문제, 잔류조선인의 귀환, 강제연행, 강제노동, 전후처리

해제자
김현아

전전(戰前) 사할린(樺太)은 일본영토로 석탄·목재·어업 등의 천연자원이 풍부하고 약 30만 명의 일본인이 거주하고 있었다. 당시 식민지 조선에서 약 200만 명의 젊은 조선인이 강제연행되어

그 중 약 6만 명이 사할린의 탄광과 군사시설에서 강제노동으로 혹사당했다. 패전 직후 약 2만 명의 조선인은 홋카이도(北海道) 등의 탄광으로 이동되었고, 전후에 소련이 사할린을 점령하면서 약 30만 명의 일본인과 4만 3천 명의 조선인이 남게 되었다.

패전 후 3년 이내에 약 6백 수십만 명의 일본인이 민족대이동이라 할 만큼 일본으로 원상회복을 하는 가운데 사할린에 있는 잔류조선인의 귀환을 진지하게 생각하는 자는 그 누구도 없었다. 일본정부는 중국 잔류고아의 일본방문과 친척 찾기에 대해서는 여비·체재비를 모두 부담하고 연간 2억엔 규모의 예산을 사용하고 있다. 그런데 사할린 잔류조선인의 일본 도항(渡航)과 재회(再會)에는 아무런 원조도 안 하고 있다.

일본정부는 사할린 잔류조선인과 그 유수가족(留守家族)이 일본에서 재회할 때 일본으로의 도항비용, 숙박비 등의 원조를 전혀 하지 않았다. 한국과 일본의 관심 있는 자원봉사자와 기부로 겨우 지원이 이루어지는 상태이다. 그런 점에서 유수가족의 사할린 방문과 사할린에서의 일시적인 도항, 귀환비용 등의 사례에 대해서 일본정부는 중국 잔류 일본인 고아에게 하는 정도의 원조(예산)를 편성해야 한다. 이것은 타민족을 혹사·이용하고 방치한 일본의 당연한 의무이다.

사할린 잔류조선인 가운데 무국적자의 국적 문제를 어떻게 파악하고 있는지는 어찌 되었든 간에 일본의 전쟁정책 때문에 연행되어 국가총동원체제 하에서 패전하는 날까지 혹사당했으므로 병역자(兵役者)와 마찬가지로 복원시킬 의무가 있는 것이다. 거기에 소련과 국교가 없는 그들의 고향인 한국정부로부터 조기 해결책을 요구받고 있는 처지에서 볼 때 바로 당사국의 일원으로서 귀환교섭이 이루어져야 한다고 생각한다.

사할린 방문과 일본으로의 일시적인 도항 그리고 출국 등에 대한 절차 등을 정확하게 파악해서 당사자에게 절차 및 초빙의 측면에서 지원할 수 있도록 조직을 조속히 정비할 필요가 있다. 이것 역시도 일본정부가 본래 해야 할 일이고, 한국정부의 주체적 참가와 양국 적십자사의 협력이 불가결하다. 일본정부에게 진정한 의미로 전후처리를 본격적으로 하도록 해야 한다. 그리고 소련, 북한, 한국, 미국 등의 관계국이 전후 미처리의 인도(人道) 문제에 대해서 이해를 한 다음에 그 협력을 얻는 것이 필요하다.

정치적 입장에서 편향되지 않고 순수하게 인도적 해결을 요구하는 것을 중심으로 하고 매스컴, 법조계, 정계 등과 협력하는 연결고리를 만들어 관계있는 각 방면에 호소한다. 해결을 위해 적극적인 활동을 할 수 있다면 어떻게든 효과를 발휘할 수 있으리라 생각한다. 전후 미처리문제에 지금 어떻게 대응할지는 일본정부 뿐만 아니라 한 사람 한 사람의 일본인과 관계된 문제이다. 이 문제에 대해서 일본이 책임 있는 해결을 실현하지 않으면 국제사회에서 신용을 얻을 수 없다고 생각한다.

온돌방

おんどるばん

고교생의 조선인관 가가와현(香川県) 가가와군(香川郡) · 조도 타쿠야(浄土卓也) · 고교 교사

『계간 삼천리』 창간호부터 정기구독하고 있다. 제45호도 나흘 동안에 다 읽었다. 빨리 월간 잡지가 되기를 기대한다.

나는 10년 전에 고교생이 생각하고 있는 '조선의 이미지'에 관해서 조사한 적이 있다. 그리고 10년 만에 '민족차별' 문제에 대한 교육 실천의 한 방편으로 올해 1월에 고교 2학년생을 대상으로 이미지 · 앙케이트를 실시하였다. 그런데 학생들의 조사결과는 10년 전과 변함이 없었다. 깜짝 놀랐다. 우리 교사들은 도대체 무엇을 가르친 것일까요.

우리 인본인도 함께 도쿄도(東京都) 아시나미구(足並区) · 스즈키 히로무네(鈴木宏宗) · 고교생 · 16세

조선 문제에 흥미가 있어서 『계간 삼천리』 45호를 구독했다. 특집 중에서도 일본사 · 세계사 교과서에 관한 부분은 특히 주의 깊게 읽었다. 집 근처에 조선인도 많이 살고 있다. 평소 마음에 두고 있지만, 재일조선인 문제는 우리 일본인도 함께 생각해야 하는 중요한 문제라고 생각한다. 이제부터 조선에 대해서 더욱 공부하려고 생각한다.

페이지
254-256
필자

키워드
민족차별,
재일조선인 문제,
재일조선인의 민족성
해제자
김현아

해야 할 일 니이가타현(新潟県) 기타칸바라군(北蒲原郡)・요코야마 야스오(横山泰夫)・교원・53세

『계간 삼천리』 제45호 특집 '다시 교과서 속의 조선'은 공부가 되었다. 특히 대담에서 오자와 유사쿠(小沢有作) 씨가 '일본이 기술혁신을 중심으로 경제 대국의 길을 추진하면 할수록 아시아 국가를 시장으로 보는 눈은 확대되어 갔지만, 문화와 인간 차원에서 교류하는 상대로서 보는 눈은 폐쇄되어 갔다. 그 결과가 어린이들에게 나타나고 있다'라는 지적에는 할 말이 없어 긍정하지 않을 수 없다. 교과서에서 아시아의 기술이 점점 적어지고 과거에 일본이 아시아국가에서 무엇을 했는지 학교 교육에서 누락시키려 하고 있다.

나는 초등학교 6학년에게 '졸업 학습'으로 아시아를 배우기 위한 수업을 10년 정도 하고 있다. 올해도 그것을 시작했는데 40년 전까지 일본이 한반도를 식민지화했던 사실조차 모르는 학생이 대부분이다. 왜 일본에 조선인이 많은지 질문하면 '가까운 나라이니까 오기 쉬워서'라는 대답이 80%를 차지했다. 이 현실을 돌파하는 일은 힘이 들지만 계속하지 않으면 안 되는 중요한 일이라고 생각한다.

루쉰과 조선인에 대해 요코하마시(横浜市) 미도리구(緑区)・기무라 히데스케(木村英亮)・대학교원

제45호가 서점에 보이지 않아서 걱정했는데 보내주어서 안심하였다. '루쉰과 조선인'은 적절했다. 자신의 노예근성과 싸우는 일은 매우 어렵지만 거기서부터 시작되어야 한다는 것에는 통감한다. 그리고 좌담회 '역사 교과서의 조선을 묻는다'에서 '먼저 집필자에게 문제가 있다'라는 강재언 씨의 지적은 대단히 중요하다고 생각한다.

재일조선인의 일지(日誌)도 도쿄도(東京都) 네리마구(練馬区)·기요미즈 치쿠(清水知久)·대학교원

계간 삼천리를 근 1년간 구독하지 않았는데 제42호부터 45호까지 동시에 구매하여 읽고 있다. 변함없이 다양한 문제를 취급하고 있어 감명을 받고 있다. '기록/지문거부의 투쟁'은 가능하면 재일조선인의 일지도 포함하면 더욱 좋지 않았을까 생각했다. 제44호 '해외 거주 조선인의 현재' 특집은 오랜 가치를 지닌다고 할 수 있다.

지금 생각할 수 있는 것 도쿄도(東京都) 고쿠분지시(国分寺市)·쓰지 미치코(辻径子)·대학생·21세

제44호의 기무라 히데스케(木村英亮) 씨와의 대담에서 강재언 씨가 '우리는 1년에 네 번 잡지를 출판하는 일이 힘에 벅차고 여유가 없다'라고 말하는 것을 보고, 일본 사회와 조선을 위해서 노력하고 있음을 알고 감탄했다. 나는 조선에 대해서 공부하고 있어서 '읽지 않으면' 안 되지만 일반 사람들이 읽어주면 일본과 조선에 도움이 되리라고 생각한다. 도움이 되기 위해서 개인이 무엇을 할 수 있는지에 관한 논의를 실어주면 고맙겠다.

나운규와 연변 중국연변농학원·요시후미 가쿠야(格和由史)

나는 올해 3월부터 연변농학원에서 일본어를 가르치면서 조선어 및 조선 문학을 연구하고 있다. 지금은 해방 전의 조선영화를 조사하고 있다. 연변은 나운규와 많은 관련이 있는 곳으로 내가 재적했던 광명(光明)중학교[현재 용이(龍井)중학교]를 방문하여 재적을 증명하는 무언가를 찾아보려고 한다.

해방 전의 조선영화에 대한 문헌은 일본과 서울에서 어떻게든 수집했는데 해방 후의 한국과 조선민주주의인민공화국의 영화계 상황, 그 외의 자질구레한 일은 잘 모른다. 그런 점에서 중국영화사뿐만 아니라 조선영화를 잘 알고 있는 분에게 의문점 등을 물어보

면 매우 도움이 되리라 생각한다.

45년 전의 사건 기타큐슈시(北九州市)·후루자와 아쓰로(古沢敦郎)·62세

45년 전 과거 부산에서 있었던 일인데 인상 깊은 사건이어서 꼭 글로 남기고 싶다. 1939년 가을에 일본계의 부산중학교·제1상업학교와 조선계의 동래중학교·제2상업학교 4개 학교가 경기대회를 하였다. 원래 이 시합은 아사히신문사(朝日新聞社)가 주최하는 전국중등학교 야구대회의 지역예선이었는데 1937년 중일전쟁으로 중지되고, 그 대신에 1939년에 대회가 처음 시도되었다. 이 경기는 '체력증강대회'라 부르며 집단경기에서는 들것을 안고 달리기, 흙부대를 메고 달리기, 수류탄 멀리 던지기를 하여 팀별로 점수를 주어 4개 학교 중에서 최고 득점한 학교가 우승을 하였다. 심판은 각 학교의 배속장교이며 심판장은 부산중학교의 배속장교였다.

점심 전 마지막 경기는 들것을 들고 달리는 경쟁이었다. 1등을 한 동래중학교는 실수를 하여 감점을 당했는데 동래중학교 측은 실수를 인정하지 않아 점심시간이 늦어지고 있었다. 결국은 심판장의 의견에 따라 감점되었다. 저녁에 모든 경기가 끝났고 1위는 부산중학교, 2위는 동래중학교였는데 감점이 없었다면 동래중학교가 우승을 했을 것이다.

표창식 때문에 전원 운동장에 집합하라는 지시가 있었다. 그러나 동래중학교와 제2상업학교의 학생은 관객석에서 나오지도 않고 운동장에 나온 학생은 일본계 학교뿐이었다. 조선계의 학교가 불참한 채 폐회식을 하는 중에 관객석의 학생들이 격렬하게 구호를 외치기 시작했다. '조선 독립 만세' '천황제 타파' '침략전쟁을 중지하라'.

중학교 3학년인 나는 침략전쟁의 의미를 몰랐는데 가을 석양이 지면서 운동장은 흥분에 휩싸였다. 어두워지자 돌이 날아오고 운동장의 학생들은 불안해졌다. 그리고 헌병대가 와서 경호하여 전차를 타고 돌아가도록 지시하였다.

그 후에 조선계 학교의 학생 다수가 심판장의 자택을 습격하여 돌을 던졌다고 한다. 그리고 동래중학교와 제2상업학교 학생 80명 가까이가 체포되고 60여 명이 퇴학을 당하였는데 이 사건은 신문에 전혀 게재되지 않았다.

이러한 광경을 처음 본 중학교 3학년이었던 나에게는 강렬한 인상을 주었지만 완전히 소화불량의 체험이었다. 슬로건의 의미를 알게 된 것은 전후가 되고서였다. 지금 되돌아보면 첫째는 15, 6세 소년들의 독립투쟁이었다는 것, 둘째는 외치는 구호에서 알 수 있듯이 질서 정연한 투쟁이었다는 것이다. 거기에 가장 일본화가 추진되었을 부산에서 그와 같은 투쟁이 일어났다는 것이다. 나와 같은 나이에 퇴학당한 소년들은 그 후 어떻게 되었을까.

2세·3세 '자이니치(在日)'론을 편집부 위양복(魏良福)

외국인등록의 대량 교체에 직면하여 지문날인거부 운동으로 맞선 1985년은 우리 재일조선인에게 잊을 수 없는 한 해였다. 이 거부행위는 재일조선인 2세·3세가 일본 사회에서 자리 잡고 사는 것을 중심에 두면서 조선인으로 살아가는 자세를 보여주는 것이었는데, 가나가와현에서 실시한 외국인 실태조사에서도 '민족성을 잃지 않고 자이니치를 살고 싶다'라는 사람이 40% 가까이 차지하고 있다.

그런데 법무성의 대응과 각 지역의 지문판결에는 재일조선인이 민족성을 유지하면서 살아가는 것을 허락하지 않는다는 자세로 일관하여 일본인의 조선인관은 여전히 변하지 않았다는 것을 절실히 깨닫게 된 1년이기도 하였다. 그러나 한편으로는 조선인으로서 살아가려는 2세·3세들에게 공감하고 함께 투쟁하는 일본인 젊은 세대가 많아졌다. 이것은 '자이니치'의 장래에 희망이 될 수 있는 모습이기도 하다.

일본과 조선의 불행한 역사의 틈새에서 살아온 1세에게는 '정주(定住)'는 어쩔 수 없다고 생각하면서도 구애를 느끼지 않을 수 없다. 그러나 해방 후 40년이나 지난 현재 '정주'가 어쩔 수 없는 2세·3세의 삶은 확실히 1세의 연장선에 있으므로 아이덴티티를 추구하는 데 있어서 새로운 것이 나와야 당연하다. 조국과의 관계를 시야에 넣은 '자이니치'를 창조하기 위한 적극적인 발언이 지금 요구된다고 생각한다.

편집을 마치고

編集を終えて

페이지
256

필자
이진희(李進熙)

키워드
외국인등록법, 재일조선인, 지문날인문제, 국제화, 외국인 지문제도

해제자
김현아

아시다시피 작년에 외국인등록증 대량 교체에 따라 1만 수천에 달하는 재일외국인이 지문날인을 거부·보류하여 큰 사회적 관심을 불러일으켰다. 계간 삼천리에서는 '재일조선인과 외국인등록법'(39호), '재일조선인과 지문날인'(42호)을 특집으로 구성하고 또한 각호에서 지문제도(指紋制度)가 갖는 다양한 문제를 다루었다. 그 이유는 국제화를 지향하는 일본 사회가 피할 수 없는 문제라고 생각했기 때문이다.

한편 지문문제를 통해서 재일조선인 2세·3세들의 다양한 모습들이 드러나게 되었다. 이번 호의 좌담회와 수기를 통해 '지금 "자이니치"를 생각한다'에서 볼 수 있듯이 그들은 '민족성을 유지하면서 자이니치를 살아가는' 길을 진지하게 모색하고 있는 것 같다. 그래서 1세인 내가 이해하기 어려울 정도로 밝은 것에 놀랐다. 예를 들면 고야마 아쓰시(小山敦史) 씨의 '가교'에는 다음과 같은 말이 있다. '강제연행으로 끌려온 사람들이 걸어온 길을 3세인 내가 걷고 그 곁에는 일본인 동료가 걷고 있다. 정말로 새로운 시대가 도래했다고 생각한다'. 또한 야마노우에 다이(山上大) 씨 르포에서 당당하게 살아가는 밝은 모습을 볼 수 있었다.

이 외에도 많은 역작을 보내왔는데, 편집 사정상 오가와 마사요시(小川雅由) 씨의 '외국인 지문제도의 추이'는 다음 호에 싣게 되었다. 양해 바란다. (편집위원 이진희)

1983년 가을(8월) 47호

가교

자카르타 마을에서

[架橋] ジャカルタの町で

페이지
14-17

필자
우쓰미 아이코
(内海愛子, 1941~)

키워드
자카르타, 히나쓰 에이타로(日夏英太郎), 허영(許泳), 인도네시아, 영화, 포로

해제자
임성숙

우쓰미 아이코는 역사학자이다. 와세다대학(早稲田大学)을 졸업하고 1975년부터 1977년까지 인도네시아 국립대학에서 일본어 교사로 강사를 역임했다. 그 후 게이센여학원대학(恵泉女学園大学) 인문학부 교수로 재직하고 현재 명예교수로 있다. 또한 현재 오사카경제법과대학(大阪経済法科大学) 아시아태평양센터(アジア太平洋センター) 소장 및 특임교수이다. 연구분야는 조선인 군속문제, 전쟁포로, 재일조선인, 일본의 전후보상과 과거사청산 문제 등이며 일본평화학회 회장을 역임했다. 연구와 시민운동을 함께 실천하는 학자로서 연합국군포로를 연구하는 「전쟁포로연구회(POW研究会)」, 「강제동원진상규명 네트워크(強制動員真相究明ネットワーク)」의 공동대표로 활동하고 있다. 주요 저서에는 『조선인 BC급 전범의 기록 일본군의 포로정책(朝鮮人BC級戦犯の記録)』(2015[1982]), 『조선인 전후보상으로 생각하는 일본과 아시아(戦後補償から考える日本とアジア)』(2002), 『김은 왜 재판을 받았는가: 조선인 BC급 전범의 궤적(キムはなぜ裁かれたのか: 朝鮮人BC級戦犯の軌跡)』(2008) 등이 포함된다. 그 외 공저로 『조선인차별과 말(朝鮮人差別の言葉)』(1986), 『도쿄재판 핸드북 (東京裁判ハンドブック)』(1989), 『전범재판과 성폭력(戦争裁判と性暴力)』(2000), 『글로벌시대 평화학3 역사의 벽을 넘어서 (グローバル時代の平和学3: 歴史の壁を超えて)』(2004) 등

이 있다. 이 글은 필자의 인도네시아의 지인 스탄트와 그와 친분이 있었던 조선인 영화감독 히나쓰 에이타로(본명: 허영)에 대하여 쓴 글이다.

자카르타(Jakarta) 중심지의 멘텐(Mengten)에 사는 스탄트 씨는 격동의 시대의 흐름에 등을 지듯이 조용히 살 고 있다. 네덜랜드에서 영화를 공부한 스탄트 씨는 일본군 자바점령의 기간 선전반과 깊은 연관을 가졌다. 당연히 선전반원으로서 자바에 와 있었던 오오야 소이치(大宅壮一)나 이시모토 도키치(石本統吉)랑도 만났다. 구라타 후민도(倉田文人)의 이름도 알고 있었다. 그러나 그가 가장 친했던 것은 '히나쓰(日夏)' 씨였다. 히나쓰 에이타로(日夏英太郎)라는 이름인 조선인 영화감독이다.

1914년 조선에서 『너와 나』라는 '내선일체'영화를 만들었던 히나쓰는 제16군 자바점령 후 얼마 지나지 않아 자카르타(Jakarta)로 갔다. 반둥(Bandung)에서 누구보다도 먼저 유명해졌고, 오오키 아츠오(大木 惇夫)의 『전우별배의 노래(戦友別盃の歌)』의 모델인 야나가와 무네시게(柳川宗成) 중위를 통해 자바로 오게 되었다.

히나쓰 에이타로의 본명은 허 영이라고 한다. 자카르타에 있는 그의 묘에는 1908년 만주 출생이라고 쓰여 있다. 몇 년도에 일본으로 왔는지 분명하지 않다. 일본 패전 후 자카르타에서 그에게 조선어를 가쳤던 친구에 의하면 그의 조선어는 유아가 이야기할 정도였다고 한다. 아마 '병합(併合)'후 빠른 시기에 일본에 왔을 것이다. 조선인인 사실을 숨기고 시나리오작가로서 살아 온 히나쓰는 1937년 3월 『오사카 여름의 진(大阪夏の陣)』(기느가사 데이노스케〈衣笠貞之助〉 조감독 작품)의 촬영 중에 일어난 사고 때문에 그 신분이 밝혀졌다.

1939년 제정된 영화법의 기본적 정신은'영화를 통해 국가의지에 예속시킬 것'이었다. '영화는 국가와 하나의 의지가 되어야 한다'는 뜻이다. 지원병제도를 찬양하고 '내선결혼'을 포함한 히나쓰 에이타로의 『너와 나』는 바로 '내선일체'정책을 추진할 '국가의지'와 합치했다. 조선총독부와 조선군의 협력을 받아 이 영화는 완성되었다.

자바에서 히나쓰의 작업 중 『호주에 외치는 소리(豪州への呼び声)』가 있다. 선전반에 소속하고 있었으나 일다운 일이 없었던 히나쓰는 야나가와가 조직하는 참모부 별반(参謀部別班)이 기획한 영화 제작에 남게 된다. 제16군이 이 영화 제작을 결정한 것은 1943년 4월 대 오스트랄리아 작전의 일관으로 자바섬 내에 수용된 호주인 포로의 '우아한 생활'을 그릴 것이 목적이었다. 되풀이되는 연합국의 포로학대 항의에 대한 회답으로서 제작되었을 것이다.

출연자는 호주인 포로였고, 영화의 무대는 과거 네덜란드 식민자의 주택이나 휴양지였다. 풍부한 식량, 수욕(水浴)이나 골프를 흥겨워 하는 포로, 휴일에는 가족과 피크닉을 즐기는 광경, 모든 것이 거짓이었지만 포로들은 즐겁게 연기할 것을 강요당했다. 이것은 도쿄로즈(東京ローズ)나 『히노마루 아워(日の丸アワー)』에 출연한 포로들처럼, 전후 '국가에 대한 충성'을 추궁 당하게 되었지만......

일본국가의 의지를 충실하게 체현한 영화를 만들어버린 히나쓰는 조선 해방을 어떻게 받아들였는가. 한 때 귀국을 생각했다고 하지만 차츰 자신이 돌아갈 땅은 없다고 판단했는지 스탄트 씨를 따라 독립전쟁을 위해 싸우는 인도네시아 국민군이 틀어박힌 욕야카르타(Yogyakarta)로 사라졌다. 영화를 만들고 싶은 마음이 그로 하여금 일제협력자의 길을 걷게 했다. 그렇게 갈 곳을 잃어버린 히나쓰 에이타로를 스탄트 씨는 아무 말 없이 받아들였다.

가교
파란 가시
[架橋] 青茨

오쓰보 가즈코는 아동문학자이다. 『고타로 일기(コタロー日記)』(1984), 『수우봉의 피리 スウボンの笛』(1985)등의 아동문학, 그리고 『가와시마 요시코 (川島芳子)』(1989)와 같은 전기를 집필했다.

5월 중순 「7·13집회 실행위원회(七·一三集会実行委員会)」의 권유로 마쓰모토(松本)의 하야시죠(林城) 성 유적과 그 주변을 산책했다. 7·13집회란 「일본과 조선·중국의 관계 사적을 찾아서 민족우호와 다시는 전쟁을 하지 않기를 이야기하는 모임(日本と朝鮮中国の関係史跡をたずね, 民族友好·不再戦を語るつどい)」라는 명칭이다. 이 집회의 실행위원회 구성원은 나가노현(長野県) 마쓰모토시(松本市) 사토야마베 (里山辺)의 조선인 강제연행·강제노동의 진상조사를 했던 분들이다. 『수우봉의 피리(スウボンの笛)』(호르프 출판, ほるぷ出版)는 이 분들이 조사한 실태를 토대로 나 자신의 체험을 엮어서 만들었다.

일본군은 본토 결전을 대비하여 마쓰모토시(松本市)의 스스키가와(薄川) 강 상류에 있는 하야시죠(林城) 성 터 일대 지하에도 군사공장을 건설하려고 계획하고, 그 노동력으로서 7천 명에 이르는 사람들을 조선반도에서 강제연행 했다.

함께 모인 멤버들은 11명. 우선 폭탄투하 지점으로 가고 중국병

페이지
17-20
필자
오츠보 가즈코
(大坪かず子, 1933~미상)
키워드
나가노, 강제연행·노동, 「7·13집회 실행위원회(七·一三集会実行委員会)」, 일본군, 아버지, 고향
해제자
임성숙

강제노동 유적으로 향한다. 포로가 된 중국 정규병 503명이 하야시죠 터 부근 일대의 지하공장의 연장으로 강제로 일을 했던 곳이다. 극심한 노동과 굶주림으로 7명이 죽었다.

그 중간부분 산에서 적석총고분(積石塚古墳)을 보기 위해 스스키 강 오른 편 언덕의 기타고마쓰(北小松)로 간다. 여기 일대에는 여러 개의 적석총고분이 있어 과거 도래인이 정주하고 발달한 곳이라고 전해진다. 조선반도 북부의 고구려 고분과 같은 양식이다.

실은 이 고분은 나의 아버지 쪽 선조의 묘와 아주 비슷하다. 한국 경상남도 출신인 아버지는 12년 전 타계했고 13회기(回忌) 법요의례(法要)를 끝냈다. 아버지의 이름은 윤영훈(尹永訓), 자명(字名)은 모리코(守甲)라고 하고, 17살 때 일본으로 도항, 1932년 오다 소요(小田そよ)와 결혼, 어머니의 호적에 입적하면서 오다 모리코(小田守甲)가 되었다. 현재 아버지 고향 집은 아버지의 남동생이 지키고 있는데, 작은아버지는 6년 전 윤 씨의 종친회장으로서 세보(世譜)를 발간하고 그 한 권을 나에게 보냈다. 거기에 사당 묘(廟)나 사원(祠院)이나 묘의 소재지와 사진이 게재되어 있었고 그 중 경남 함안군(咸安郡)에 있는 2개의 묘가 이 기타고마쓰의 적석무덤(積石塚)과 똑 같이 생겼다.

아버지는 17살이 될 때까지 변발(弁髮)였다고 한다. 아버지는 1905년 출생이기 때문에 6살 때 중국에서는 폐지된 변발을 그 후 11년 동안 하고 있었다. 1922년 변발을 깎아서 동경하는 일본으로 왔다. 일본에서 성공하고, 부모와 형제들을 놀하게 하고 싶어서였다.

아버지가 일하고 받은 월급을 일본인 현장 감독이 가지고 달아났고, 도쿄 야오야마(青山)의 일본대학(日本大学) 재학 중인 작은아버지 집으로 들어갔다. 작은아버지의 하숙집에서 넝마주의(バタ屋)를 도우러 가거나 지하철 공사 일을 하고, 나가노 지고쿠다니(地獄谷)의 수도공사장으로. 일본에 오기 전까지 일본어를 전혀 못했던 아버지가 여기서는 장부를 기록(帳付け)하는 일을 맡게 되었다. 수도공사의 일을 끝내고 마쓰모토로. 차 안에서 먹었던 도시락의 맛을 잊을 수 없어 앞으로 맛있는 음식을 만드는 장사를 할 것을 결심했다고 한다. 요리 집에서 살면서 10년 고생한 끝에 마쓰모토시내 번화가에 가게를 차렸던 것이 1937년, 33살 때였다.

아버지는 국적을 일본으로 옮겼지만 고국을 버리지는 않았다. 전쟁 중, 전후도 '내 나라,' '내 나라'라고 말하면서, 나는 아버지의 고국에 대한 뜨거운 마음을 들으면서 자랐다.

7월 13일에 예정하고 있는 집회는 여기서 순난(殉難) 했던 사람들의 위령비를 건립하고 살았던 역사로서 이 지하호(地下壕)를 영구보존하고 싶은 염원으로부터 계획되었다. 그것은 돌아가신 아버지의 고국에 대한 뜨거운 마음과도 겹친다.

가교

여름의 매미

[架橋] 夏の蟬

페이지
20-23

필자
무라마쓰 다케시
(村松武司, 1924~1993)

키워드
군마현 구사쓰
(群馬県・草津),
나병,
구리우낙선원
(栗生楽泉園),
지문날인 반대운동,
『구사쓰아리랑
(草津アリラン)』,
시, 노래

해제자
임성숙

무라마쓰 다케시는 시인이다. 일제식민지시기 조선 경성에서 태어나 1944년 징집으로 경성부 사단에 입영했다. 전후 1945년 10월 가족과 함께 야마구치현(山口県)으로 귀향했다. 그 후로부터 일본에서 시인으로 활동하기 시작했으며 한센병자와 교류했던 문인, 시인들과 교류하고, 자신도 한센병자와 만난 경험을 시로 엮어 출판하거나 한센병문학 서적 출판을 위한 출판사도 설립했다. 한일과거사문제에도 적극적으로 참여하고, 조선인 한센병자가 지은 시에 대한 해설 작업을 했다. 대표적인 작품으로는 『조선식민자 어느 메이지인의 생애(朝鮮植民者 ある明治人の生涯)』(1965), 『조국을 가진 자와 못 가진 자(祖国を持つもの持たぬもの)』(1977), 『증보판 아득히 먼 고향: 나병과 조선 문학 (増補 遥かなる故郷:ライと朝鮮の文学)』(2019) 등이 있다. 이 글은 필자가 나병환자들의 요양시설을 찾아가 거기서 만난 재일조선인들과 그들의 창작한 시에 대하여 썼다.

며칠 전 나는 군마현(群馬県) 구사쓰(草津)에 있는 나병의 요양소인 구리우 낙선원(栗生楽泉園)을 방문했다. 시인인 모리타 스스무(森田進) 씨을 동행한 1박 여행이었다. 모리타 씨는 그리스찬이고 과거 한국 대학에 교환교수로 체재하고 일본문학에 대하여 강의했고 나병 시설을 방문한 사람이다. 이 구리우낙선원에도 교회

관계자인 지인이 있었고, 또 소수의 조선인들도 그와 동행하기를 기대하고 있었다.

그날 밤 나와 모리타 스스무 씨가 숙박시설인 '후생회관(厚生会館)'에 도착하니 바로 맹인 시인(歌人)인 김하일(金夏日) 씨가 하얀 지팡이를 짚고 오셨다. 김 씨는 잠시 이야기를 하고 그 날 밤늦게 들어갔다. 이야기는 고통스러운 정신적인 고민에 대한 내용이었기 때문에 다루지 않을 수 없다. 김하일 씨는 최근 두 번 째 시집 『황토(黄土)』를 출판했다. 수많은 시가 있지만 그 날 밤 회화 속의 노래를 기억한다. "재일한국인 우리들, 지문날인반대를 외치며 행진한다."

그의 하얀 지팡이의 행진은 얼마나 곤란했을까. 이 나병원에도 조선인들이 사는 것은 이미 언급했지만, 위에 소개한 시처럼 날인반대운동을 진행하면서 김 씨들은 이상한 점을 알았다. 그들은 나병으로 인해 사지나 손가락이 없었던 사람들이 많다. 비록 손가락이 남아 있어도 지문은 수술로 인해 없다. 그래서 지문을 날인 할 수 없다. 무의한 것이다. 그러나 이야기는 이 뿐만이 아니다. 나병인 사람들은 지금까지 계속 지문 날인을 하지 않았다. 김 씨의 말에 의하면, 나병의 '균'이 붙은 손으로 서류를 '어지럽히는' 것을 관공서는 처음부터 거부했다고 한다. - "그래서 우리는 항상 날인이 없었다"고 말했다. 이것은 단지 날인 하지 않아도 되었다는 사실을 의미하지 않는다. 날인하는 것도 차별, 하지 않는 것은 그 위에 존재하는 차별이었다.

"어쩔거야, 나를"이라고 아우성치는 여성이 아침 일찍 '복지회관'에서 기다리고 있었다. "나 선생님을 좋아하니까 이것 가져왔어"라고 큰 봉투에 담은 버섯을 몽땅 줬다. 그녀도 맹인이다. 이름은 김말자(金末子)(일본명·가야마 스에코/香山末子)라고 하며 『구사쓰 아리랑(草津アリラン)』이라는 시집을 펴냈다. 1941년 먼저 와 있었던 남편을 따라 어머니, 남동생, 여동생과 함께 도항했

다. 2명의 아이가 태어났으나 스에코는 나병을 발병하여 가족과 헤어졌다. 그녀는 지금 일본 구사쓰에서 혼자, 어두운 안와(目窩) 속에 그려지는 기억의 고향 ·한국을 부르면서 살고 있다.

시라네 우쓰로부네(しらね虛舟)라는 특이한 이름을 가진 사람이 앉아 있었다. 이 사람은 옛날 다른 필명으로 창작집을 출판했다. 『잔영(残影)』이라는 책이다. 이 특이한 이름은 센류(川柳)를 쓸 때 사용했던 이름이고 그 이름 뒤에 숨듯이 방한했던 시를 쓴다. 그는 6살 때 도항하고 재일 61년, 나병에 걸려 40년의 역사를 가진다.

시는 특별한 설명을 필요하지 않는다. 그가 겨우 고국을 찾아 고향인 대구도 찾아가고 김대중 씨의 생가도 찾았다. 그는 눈이 보이지만 나병의 후유증이 있다. 다른 환자보다 다소 자유롭게 행동할 수 있지만 어디까지나 요양원내에서 사람의 손을 빌리는 범위 내에서 가능하다. 한국으로의 여행에서 김대중 씨의 생가를 방문한 것은 우연인지 목적이 있었는지 모르지만 어쨌든 일본에 돌아와서 그는 시를 쓰면서 본명으로 서명하지 않는다. 나는 "왜 시라네 우쓰로부네인가요?"라고 물었다. 여러 가지 문제가 있다고 그는 답했다. 일본에서는 지문조차도 거부당하는 재일 나병 조선인, 이중의 차별을 받아 고국에 돌아가면 감시의 대상이 되었다. "나병으로 나는 더 이상 국가에 대하여 무엇을 할 수 있는가? 아무것도 하지 못한다, 나는"이라고 그는 말한다.

그의 눈은 슬픔으로 가득 차 있었다. 그에게 이 시의 기명, 아호(雅号)는 결코 본의가 아니다. 숨기 위한 이름이었다.'시라네'는 시라네산(白根山)의 의미일 것이다. 이 산 깊은 나병 요양소에서 '우쓰로부네'는 잘 어울리지 않는 느낌이 들었지만 지금 나는 다시 생각한다. 배는 괜히 여기에 좌초하지 않는다. 여기에 있으면서도 여전히 해협을 건너려고 하는 고독한 배이다. 나는 그렇게 이해한다.

일본의 조선지배와 치안유지법

日本の朝鮮支配と治安維持法

미즈노 나오키는 역사학자이다. 교토대학(京都大学) 문학부 사학과 현대사학을 전공하고 교토대학 대학원 인문과학연구과에서 박사학위를 취득했다. 1991년부터 2016년에 퇴직할 때 까지 교토대학교 인문과학연구소 교수로 재직했다. 연구분야는 한반도 근대사와 동아시아 관계사이며 일본의 식민지지배 정책과 조선인들의의 대응에 관한 연구를 이끌어 왔다. 주요 저서로는 『창씨개명(創氏改名)』(2008)이 있고, 공저로는 『근대 일본의 동아시아문제(近代日本における東アジア問題)』(2001), 『생활 속의 식민지주의(生活の中の植民地主義)』(2004), 『도록 식민지조선에서 살다(図録 植民地朝鮮で生きる)』(2012), 『재일조선인: 역사과 현재(在日朝鮮人:歴史と現在)』(2015) 등이 있다. 학술활동과 함께 한일 과거사문제와 일본 내 외국인 인권문제 해결과 같은 시민사회 운동에도 참여하고 있다. 이 글은 일제식민지시기인 1925년에 치안유지법이 일본과 다르게 조선에서 어떻게 적용이 되었는지, 그 원인에 대하여 논한 내용으로 구성된다.

페이지
32-39

필자
미즈노 나오키
(水野直樹, 1950~)

키워드
식민지지배,
치안유지법,
조선사상범예방구금령
(朝鮮思想犯予防拘禁令),
전향, 조선공산당

해제자
임성숙

한국의 재야사학자 임종국(林鍾国) 씨의 최신저서 『일제하의 사상탄압』(평화출판사, 1985년)을 읽고 소리를 지를 정도 놀랐다. 일본 식민지지배 말기인 1941년 2월 12일 조선총독부는 제령 제8호 '조선사상범 예방 구금령(朝鮮思想犯予防拘禁令)'을 공포했다. 이 제령을 통해 '비전향'정치범을 형기 만료 후에도 투옥시킬 수 있게 되었던 것이다. 예방 구금제도가 치안유지법체제의 완결을 나타내는 극한(極限)적 인권억압의 제도였던 사실은 잘 알려져 있으나, 내가 놀란 것은 조선의 예방 구금소가 1943년 12월 충청북도 도소재지인 청주에 설치된 사실이다.

왜 그렇게 놀랐냐면, 지금 청주에는 보안감호소라고 불리는 특별한 수용소가 있기 때문이다. 거기에는 재일한국인인 서준식(徐俊植), 강종건(姜鐘健) 씨를 비롯한 '비전향'정치범이 수용되고 있다. 서준식 씨 등이 받는 보안감호처분(이름은 다르지만 실체는 예방구금과 같음)의 법적 근거가 되는 한국의 사회안전법은 식민지시대 사상범 예방구금령을 본받았다. 뿐만 아니라 보안감호처분을 받은 정치범을 수용하는 시설이 전시 하 예방구금소가 있었던 청주에 있는 사실은 무슨 우연의 일치인가. 혹은 여기에 특정 맥락을 찾아야 할 것인가.

이러한 형식으로 현재 한국에서도 사라지지 않는 치안유지법이 식민지조선에서 어떤 인권억압을 야기했는지, 어떻게 조선인들의 인간으로서의 권리, 민족으로서의 권리를 짓밟았는지를 생각해본다. 그것은 일본제국주의에 의한 조선지배의 본질을 한 측면에서 밝히는 일이라고 생각하기 때문이다.

최초의 적용, 최초의 희생

치안유지법은 1925년 3월 7일 일본 의회(중의원/衆議院)에서 가결되고 4월 22일 공포, 5월 12일 시행되었다. 이와 동시에 식민지였던 조선, 대만, 가라후토(樺太)에서 칙령에 의해 시행되었다. 문제는 이 공포·시행의 경의에 있었던 점을 지적해 두어야 한다. 즉 치안유지법은 얼마나 악법이라고 하더라도 일본 의회에서 가결된 법률이었다. 물론 보통선거법(남자만)이 치안유지법과 함께 가결

됐을 정도였기 때문에 이 시기는 선거권을 가졌던 국민은 제한되었다. 그러나 치안유지법이 일본국민의 '대표자'로 구성된 의회를 통과한 법률인 점 역시 사실이었다.

이에 비해 법안성립 후 칙령으로 시행이 결정된 조선 등 식민지 주민은 선거권을 가지고 있지 않았다. 조선인의 권리를 구속하는 법률에 대해 전혀 발언권을 인정하지 않고 곧바로 악법을 적용하는 것이 식민지 지배자의 수법이었다.

이러한 방식으로 제정·시행된 치안유지법이었지만 이것이 최초로 적용된 곳은 일본이 아닌 조선이었던 사실에 주목해야 한다.

치안유지법이 최초로 조선에서 적용된 것은 식민지지배자가 치안유지법과 같은 탄압법규(弾圧法規)를 필요로 했던 점을 시사한다. 조선에서는 1919년 3·1독립운동이 일어나는 와 중에 제정된 제령 제7호 '정치에 관한 범죄처벌의 건(政治ニ関スル犯罪処罰ノ件)'이 있었고 독립운동을 탄압하는 법적 근거가 되고 있었다. 그러나 1920년 중반에 공산주의운동이 전개됨에 따라 종래 제령 제7호로는 부족하다는 판단이 식민지 지배당국에 있지 않았을까. 그래서 조선에서 일찍이 치안유지법이 적용되어 나타났다고 추측한다.

독립운동으로의 적용 - 치안유지법의 확대해석

일본처럼 치안유지법은 당초 조선 공산주의운동을 대상으로 적용되었다. 그러나 조선 내 법 운영은 일본의 경우와 달랐다. 조선공산당(및 공산당 재건운동)의 경우 그것이 조선의 독립을 위한 조직이었던 것을 이유로 '국체의 변혁(国体ノ変革)'조항을 적용하는 법운영이 진행되었다. 이것은 '국체변혁(国体変革)'조항과 '사유재산제도 부인(私有財産制度否認)'조항이 분리되기 전의 판결로는 알 수 없지만 법 개악 후 판결을 보면 알 수 있다. 일본제국이

힘으로 식민지로 만들었던 조선을 조선인 스스로가 되찾고자하는 것을 '제국영토의 참절(帝国領土の僭窃)'='국체의 변혁'으로 간주하는 것이 식민지 지배당국의 해석이었다. 치안유지법은 턱없이 확대 해석되고 운영되었다. 일본에서는 치안유지법을 확대해석하는 일이 특정 시기까지 어느 정도 절제되었던 점에 비해 식민지 조선에서는 민족해방을 요구하는 조선민중의 투쟁을 억제하기 위해 막무가내로 치안유지법의 확대해석·확대적용에 달려든 지배당국의 모습을 볼 수 있다.

양형(量刑)의 무게와 사형판결

치안유지법의 확대해석은 필연적으로 처벌의 가혹함과 양형의 무게로 나타난다. 일본국내에서는 1928년부터 38년까지 치안유지법 위반으로 무기징역을 선고 받은 자는 1명뿐이지만 조선에서는 39명까지 오른다. 징역 15년 이상의 형을 봐도 일본이 7명인 반면 조선은 84명이다. 관헌자료에 의하면 조선에서 사상범에 대한 처벌이 엄한 5가지 이유를 들었다. 조선의 사상운동이 사회에 미치는 영향이 일본의 경우보다 심각하기 때문에 엄벌로 임해야 하는 점, 사상범 사건이 치안유지법 뿐만 아니라 형법과 그 외 적용을 받기 때문에 양형이 그 만큼 무거워지는 점, 일본에서는 공산당의 파괴 후 목적수행죄에 처한 자가 대부분인 것에 비해 조선에서는 공산당 재건사건에 법정형(法定刑)이 높은 결사조직죄가 적용된 점, 그리고 조선의 사상범 중 전향할 자가 일본에 비해 적었던 점이다(吉田肇「朝鮮に於ける思想犯の科刑竝累犯状況」司法省刑事局『思想研究資料』特輯第六十一号, 1939/ 요시다 하지메, 「조선의 사상범의 부과 형량과 누범 상황」 사법성 형사국 『사상연구자료』특집 제61호, 1939).

다른 이유도 생각할 수 있겠지만 이유는 요점은 요시다(吉田)가

말하는 첫 번째 이유에 있다. 즉 공산주의운동이든 민족주의운동이든 조선 독립을 위한 운동을 엄격하게 관리하고 중형에 처하지 않으면 조선민중에게 경고(見せしめ)가 되지 않는다는 점이 지배당국의 논리였다. 사형판결의 문제도 비슷하게 생각할 수 있다. 치안유지법의 최고법정형은 사형이었으나 일본 국내에서 그로 인해 사형된 자는 없었다고 한다. 조선에서도 차인유지법 위반의 이유만으로 사형을 선고받은 자는 없다.

조선인들에게 있어 '전향'

전향이란 공산주의운동 등 반체제적 운동으로부터의 이탈, 혁명사상의 포기를 의미하는데, 전쟁 전 일본 지배당국은 검거·투옥한 자에게 그 이상의 것을 요구했다. 1930년대 말이 되면 전향 기준에 '일본정신의 체득(体得)'이 첨가되었다. 이러한 기준에 따른 전향은 일본인과 함께 조선인들한테도 강요되었는데, 조선인들에게 공산주의운동·독립운동으로부터의 이탈이나 혁명사상의 포기는 몰라도 '일본정신(日本精神)'이란 무엇을 의미하는가, 이해를 넘어서는 것이었다. 당국도 그것을 인정하고 있었다.

식민지 지배당국이 조선인 사상범에게 '제국의 위력'을 가지고 '일본국민으로서의 의식'가지도록 강요한 것은 쉽게 추측할 수 있다. 일본인 사상범의 전향을 '본래 일본정신으로 돌아가는' 것으로 보았지만 조선인 사상범을 '돌아갈 집 없는 상태'(요시다 논문참조)로서 봤던 당국은 그 만큼 훨씬 엄격하게 전향을 강요했던 것이다. 조선의 전향현상은 일본처럼 1933년 시작했지만 일본의 대륙침략전쟁의 심화와 병행하고 1936년 12월 '조선사상범 보호관찰령(朝鮮思想犯保護観察令),' 1941년 2월 '조선사상범 예방구금령(朝鮮思想犯予防拘禁令)'이 공포되면서 전향자도 차츰 늘어났다.

현재 우리 일본인한테도 치안유지법의 문제는 쉽게 넘어가지 못하는데, 조선인들에게 있어서는 단순히 역사적 사항으로서 지울 수 없는 문제이다. 천황제 국가의 충성을 의미한 전향은 조선인에게 깊은 정신적 상처를 남겼다. 식민지 지배로부터의 해방 후 신국가 건설 과정에서 가장 쟁점이 되었던 '친일파'처벌의 문제는 치안유지법제체 하에 있었던 전향과 관계가 있다. 그리고 현재 한국에서 '친일파'가 일으킨 해악(害悪)이 역사문제가 아니라 현실문제로서 논의되고 있는 점을 우리는 알고 있다. 그러는 만큼 치안유지법의 문제의 시각을 일본국내에 한정하지 말고, 그것이 식민지 민중들에게 어느 정도 큰 희생을 강요했는지, 우리들도 이 점을 밝히고 직시해야 한다.

연구노트

간도협약과 '북조선 루트'

[研究ノート] 間島協約と「北朝鮮ルート」

니시 시게노부는 역사연구자이다. 이 글은 1905년 간도협약과 중국 동북지역의 철도망 건설을 통해 일본이 중국을 침략하기 위해 조선과 중국 북동지역에 사는 조선인들을 군사적으로, 경제적으로 통치한 방식에 대한 내용이다.

조선에서 두만강을 사이에 두고 건너편에 연변 조선족 자치주가 있다. 이 연변지역은 과거 조선인들이 간도(間島) 곤토(坤土), 간토(墾土), 북간토(北墾土) 라고 불렀고, 일본인이 이를 따라 '간토' 라고 불렀던 곳이다. 이 연변(간도)이 중국 령으로 인정된 것은 간도협약에 의해서였다. 간도협약은 '간도에 관한 청일협약'이라는 이름으로부터 알 수 있듯이 1909년 일본과 청국 사이에서 맺어졌다. 1905년 조선의 외교권을 장악한 일본은 조선과 청나라 사이에서 귀속을 둘러싸고 경쟁이 된 토지를 청국 령으로 인정함으로써 러일전쟁으로 얻은 중국으로부터의 '특수권익'을 확보하고자 했다.

그 권익 중 철도부설권은 특별히 중요했다. 철도는 만주(중국동북부)를 일본과 연결시키는 동맥이다. 이 철도망은 '북조선 루트론(北朝鮮ルート論)'으로서 논의되어 왔다. 간도협약과 '북조선 루트'는 일본이 중국을 침략하기에 앞서 조선과 조선인을 어떻게 보고 다루었는지를 전형적으로 나타낸다.

이 권익 중 가장 중요했던 것은 안봉선(安奉線)과 무순(撫順),

페이지
100-105

필자
니시 시게노부
(西 重信, 미상)

키워드
간도, 청나라, 조선, 러시아, 만주, 철도

해제자
임성숙

연대(煙台) 탄광이었다. 러일전쟁 중 압록강 서쪽의 안동(安東)과 봉천(奉天)을 연결하고 부설된 군용 협궤(狹軌)철도는 조선을 경유하고 남 만주로 통하는 이른바 '안봉루트(安奉ルート)'로서 광궤(広軌)철도로의 개축을 급무로 했다. 또한 청나라로부터 반환이 요구된 무순과 연대의 두 개의 탄광은 창설 후 얼마 지나지 않아 만철의 주요 재원(財源)으로서 결코 놓칠 수 없었다. 청나라 사이에 있었던 이와 같은 문제를 유리하게 해결하기 위해 간도협약이 맺어졌다.

간도협약의 가장 큰 특징은 간도의 영토권을 정치적 거래의 재료로 사용한 점이다. 그 지역에서 사는 조선인의 권리는 거의 무시당했다. 말하자면 이 협약은 간도의 영토권과 조선인의 권리를 청나라에 팔고 만주의 동쪽 끝에 침략의 교두보를 구축하기 위한 것이었다고 하도 과언이 아니다.

'북선(北鮮) 루트'라는 명칭은 스즈키 다케요시(鈴木武雄)가 지었다. 스즈키는 '북선루트'를 '일만(日満)블록 경제의 경제적 유통로의 하나이며 북선 3항 및 북선철도선을 경유하고 만주국으로 출입하는 경로'(경성제국대학 법학회 『조선경제의 연구 제3』1938/京城帝国大学法学会『朝鮮経済の研究　第三』1938)라고 한다. '북선 3항'이란 나진(羅津), 청진(淸津), 웅기(雄基)를 포함한다. 이 루트는 조선의 신의주에서 압록강을 건너 안봉선을 경유하는 '안복루트', 해로(海路)에서 대련으로 상륙하고 남만주 철도를 경유하는 '대련루트'와 함께 주목을 끌었다. 특히 마이즈루(舞鶴)나 쓰루가시(敦賀) 등 일본해(日本海) 측의 도시에서는 일본의 뒷면으로부터 만주로 가는 최단 루트로서 큰 기대가 있었다. 스즈키에 의하면 '북선루트'는 '만주사변'이후 그 다음의 철도의 개통으로 완성되었다. 조선의 도문선(図們線)과 만주의 경도선(京図線), 도가선(図佳線)을 기간으로 하는 대동맥의 완성이다. 즉 조선과 만주를 어떤 루트로 연결할 것인지가 '북조선루트'의 큰 과제였다. 그러나 완성한 북조선 루트는 단지 조선과 만주를 연결하고 끝난 것은 아니었다. 만주시장을 직접 일본과 연결한 것이다.

북조선루트 완성이 경제에 미친 영향은 크게 3 가지로 정리할 수 있다.

첫째, 종래 만주 경제권의 변혁이다. 그 때까지의 만주경제는 만주를 동서로 횡단하는 동지철도(東支鉄道)로 인해 블라디보스톡을 항구로 하는 '북철권(北鉄圈)' 즉 '북만형(北満型)'경제와 대련을 항구로 하는 '만철권(満鉄圈)'즉 '남만형(南満型)'경제로 구분되었다. 그러나 '만주국'에 의한 동지철도의 접수(接収)는 그 철도가 가지는 영향을 감쇄(減殺)하는 것과 동시에, 역으로 만철에 의한 대련과 흑하/헤이허(黒河) 사이의 남북동맥을 활성화시켰다.

둘째, 송화강 수운에 미친 영향이다. 백두산계에 그 원류를 시작으로 하는 송화강은 길림, 하얼빈, 가목사(佳木斯) 등 주요도시를 흘러 동강(同河)에서 흑룡강으로 간다. 겨울에는 물이 얼어버리는데 얼음이 녹는 시기의 수운은 만주의 일대통로가 된다.

셋째, '동북만'경제권의 시장적 가치의 증대이다. '동북만'지방에는 당시 간도성(間島省)의 전부, 길림성의 3분의 1, 빈장성(濱江省) 일부, 삼강성(三江省)과 목단강성(牡丹江省)의 전부가 포함된다. 이 지방은 '만주국' 총 면적의 18%를 차지하는데, 총 인구로 보면 9%에 지나지 않는다. 즉 '동북만'경제권은 조선보다 넓고, 역으로 인구밀도는 훨씬 낮다. 미개척의 농업, 임업, 광업지역으로서 그리고 일본인 농업이민과 오래 전부터의 조선인이 입식(入植)한 지역으로서, 혹은 그로 인해 발생하는 상품수출시장으로서 '동북만'경제권이 나아갈 길에 큰 기대를 걸었다.

이렇게 보면 북조선 루트는 만주에 새로운 경제권을 형성하고, 게다가 그것은 하얼빈을 비롯한 종래 경제적 중심지에 대하여 시장적 독립성을 가지고 있었다. 또한 북조선 루트는 만주의 새로운 경제권을 일본으로 연결하기 위해 만들어졌는데, 이에 못지 않게 중요한 점은 일본해를 사이에 두고 군사적으로 만주를 일본에 직결시킨 데에 있다.

좌담

전후세대가 본 일본과 한국

[座談会] 戦後世代のみた日本と韓国

쓰루조노 유타카는 역사학자이다. 가나자와대학(金沢大学)에 재직했고 일본사, 동아시아역사, 전근대 한일관계사, 근세 일본문화를 연구해 왔다. 김용섭의 『한국 근현대 농업사 연구: 한말·일제하 지주제와 농업문제』를 번역하고 공저로 『동아시아공생의 역사적 기초: 일본·중국·남북코리아의 대화(東アジア共生の歴史的基礎)』(2008)를 집필했다. 나카오 미치코는 2015년까지 이와테현립대학(岩手県立大学) 사회복지학부의 교수로 재직하고 한국현대사와 한국복지를 연구해 왔다. 강창일은 제주에서 출생하고 서울대학교 국사학과를 졸업한 후 도쿄대학(東京大学) 대학원에서 문학박사학위를 취득했다. 한국에서 배재대학교 교수를 역임했고, 제주 4·3 연구소 소장과 이사장으로 활동했다. 제17~20대까지 3차례 국회의원으로 당선되었고 현재 한일의회 외교포럼 위원, 남북관계 정상화를 위한 여야 중진의원모임의 대표의원, 한일의원연맹 명예회장이며 한·일간의 과거사문제와 교류에 기여해 왔다. 주요 저서는 『일본사 101장면』(1998), 『근대 일본의 조선침략과 대아시아주의』(2002) 가 있고, 그 외 공저로는 『일제식민지통치연구 1 (1905-1919)』(1999), 『기억투쟁과 문화운동의 전개』(2004) 등이 있다. 이 글에서 각 대담자들은 한국과 일본을 접하게 된 계기를 회상한다. 그리고 양국을 단선적으로 비교하는 방식과 한국사회에 대한 일본인들의 인식에 대하여 비판적으로 분석하고 교과서문제

페이지
106-114

필자
쓰루조노 유타카
(鶴園 裕, 1950~미상),
나카오 미치코
(中尾美智子, 1949~),
강창일
(姜在彦, 1952~)

키워드
한일관계, 전후세대,
역사인식, 교과서문제,
식민지지배

해제자
임성숙

와 역사인식에 대하여 논한다.

한국과의 첫 만남, 일본과의 첫 만남

쓰루조노: 조선에 대한 관심은 대학에서 근대일본사를 전공해서 그러는지 졸업논문에서 할아버지의 경험을 다루었다. 할아버지는 가고시마(鹿児島)에서 소작농이었다가 기관차에 불을 때는 일 (カマたき)을 하는 노동자가 되었는데 당시 그 노동은 근대노동자의 선망의 대상이었다. 할아버지가 왜 소작농으로부터 철도노동자가 되었는지에 대하여 조사하다 보면 할아버지를 고용한 지주가 경부철도와 관련이 있었고, 예상하지 못한 곳에서 조선과 연관이 있다.

즉 근대 일본은 마치 메달의 앞면과 뒷면처럼 조선문제와 연결된다. 당시 조·일관계는 종주국과 식민지라는 관계였지만 식민지측 조선은 과연 어떠했는가라는 관심에서 시작되었다.

나카오: 조선에 관심을 가지게 된 것은 동양문화연구소에 다니면서부터고 재일조선인의 차별문제나 한국 노동문제에 대하여 조금씩 생각하기 시작했다. 그리고 일본인과 조선인이 솔직한 관계를 맺는 중요성을 배웠다. 그러기 위해서는 상대를 더 알아야 하기 때문에, 몰랐던 과거 시대를 더 알고 싶기도 했었고, 해방 후 현대사를 유학의 주제로 삼았다.

강: 일본 전후세대의 경우 특정 계기로 한국이라는 나라를 인식하는데, 우리에게 일본은 잊지 못하는 나라의 위치에 있다. 한국근현대사에서 아주 중요한 의미를 지니는 나라이기 때문이다. 그래서 나 자신도 일본에 대한 이미지는 어릴 때부터 형성되었다. '쪽발이', '왜놈'이라는 말에 상징되듯이 일본인은 야만적이고 이기적이고 부끄러움을 모르고, 옛날은 군사대국, 지금은 경제대국, 그러나 문화적으로는 후진— 그렇게 말했다. 이것은 물론 일방적인 것이 아니라 상호작용하면서 역사적으로 형성되어 왔다고 본다. 그러나 일본에 와 보니 그 때까지 가졌던 일본에 대한 이미지가 무너져

그런 의식이나 감정을 부셔야 한다고 생각하게 되었다.

단선적 비교론의 잘 못

강: 방금 말했지만 해방 후에 태어난 우리 세대는 일본에 대하여 콤플렉스는 없다. 교육의 덕분일수 있지만 오히려 일본에 대하여 정신적, 문화적 우월감을 가지고 있고, 식민지지배에 대해서도 임진외란처럼 도덕·윤리적으로 떨어진 자의 도둑행위로 생각한다. 그러나 일본에서는 반대이다. 식민지 지배는 일본이 우수한 민족이고 침략한 것은 강하기 때문이라는 생각이 일본인의 잠재적 의식 속에 있다. 또 현재 문제도 일본은 민주주의 나라, 한국은 군정의 나라라고 일본인들은 말한다. 그러나 과연 일본이 진정한 민주사회인가라고 할 때, 나는 의문을 가지게 된다. 지금 가장 중요한 것은 우열을 전제로 단선적으로 상대를 비교하지 말고 서로의 주체성 고유성 독자성을 인정하고 존중하는 일이다.

나카오: 내가 조선어를 가르치는 학생들도 언어를 배우려고 하기 때문에 조선에 관심을 가지고 있지만, 조선을 '하나의 외국'이상으로 보지 않는다. 이것을 무조건 좋고 나쁘다고 하지 못하지만, 일본사회에는 '우리나라[일본]는 아무 문제도 없는 좋은 나라'라고 하는 풍조가 있다. 그런 풍조뿐만 아니라 문부성(文部省)이 교과서검정에 취하는 자세에는 '밝은 일본', '비참한 일은 없었던 일본'이라는 의도가 뚜렷하다. 선진국의식에 푹 빠진 눈으로 한국이나 아시아를 보면, 거기서 공감을 얻거나 과거부터 일본이 관계를 맺었던 방식에 대한 반성의 태도가 계속 결여될 우려가 있다.

식민지지배를 비판하는 세대

편집부: 일본에서도 한국에서도 식민지를 경험하지 않는 세대가 국민의 반을 차지하게 되었는데 특히 한국에서는 전후세대, 소위

‘한글세대(ハングル世代)’의 역할이 크지 않는가.

강: 한글세대란 어려운 개념이다. 단순히 한자의 반대개념이 아니라 식민지 지배 유산의 청산이라는 실천적 문제의식으로부터 만들어진 용어인 것 같다. 예를 들면 정치 차원에서는 식민지시대 관료나 친일파가 해방 후 한국을 움직여 왔는데, 그들과 식민지 교육을 받지 않았던 우리들은 기본적으로 문제의식, 생각방식, 주체의 문제도 다르다. 그런 의미로 ‘한글세대’라는 표현이 사용된다.

나카오: 소위 한글세대는 일본비판을 할 수 있는 세대이며 동시에 식민지 지배의 잔재를 끄는 세대를 비판해온 사람들이다. 자신의 국가와 민족을 생각하는 그들의 진지한 자세에 감동했다. 그런 만큼 그들은 현재 한국사회에 대한 답답함을 강하게 느끼고 있다.

쓰루조노: 나는 한국 사람들이 과거 식민지시대 문제를 현재 일본을 바라볼 때도 그렇게 쉽게 용서하지 않는다고 생각한다. 그러나 일본은 이미 과거의 일이고 아무 일도 없었던 것처럼 행동한다. 여기서 서로 어긋난다. 재일조선인 문제 하나만 봐도 그렇다. 취직문제, 지문날인문제도 재일조선인 스스로가 투쟁하고 향상해왔어도 일본국가가 그 어떤 지원을 한 것도 아니고, 일본민중도 손을 잡는 방식은 아니었다. 식민지시대는 잘 못했다고 하지만, 오히려 전후의 존재방식에 문제가 있다. 국가적 차원뿐만 아니라 민중 차원으로 방치되어 있는 상황이 심각한 문제로서 존재한다.

온돌방

おんどるばん

없어서는 안 될 잡지 무로란시(室蘭市)·야마지 히로미(山路弘美)·무직·63세

일반 책으로는 조일관계사의 사실을 잘 파악할 수 없는 속에서 본 잡지를 접하게 되어 그 문제가 해명되는 듯하다. 60여 년 전 황해도에서 출생하고 20여 년을 조선에서 생활한 나로서는 조선의 산천은 '마음의 고향'으로 살아 있다. 『계간 삼천리』는 근대 조선과 고대조선의 모습을 알기 위해 없어서는 안 될 잡지다. 다시 읽고 싶은 책의 소개도 있어 잘 활용하고 있다.

사실을 아는 중요성 오와리아사히시(尾張旭市)·히에하타 게이코(稗圃慶子)·일본어 교사

단행본 『가교－나에게 있어 조선』에서 『계간 삼천리』라는 잡지의 존재를 처음 알게 되었다. 가족과 함께 2년 간 인도네시아에서 살다가 구 일본군에 대하여 여러 가지 알고 생각하게 되었다. 귀국하고 인도네시아, 필리핀, 조선 등 아시아에서 과거 일본이 어떻게 관여해 왔는지 탐독한다. 역시 중요한 것은 사실을 아는 일이다. 소학교 1학년 수업 때 구 일본군에 대하여 인도네시아 아이들과 함께 배웠던 내 아이도 "인도네시아에 가지 않았으면 알지 못했다, 가서 좋았다"고 말한다. 피폭일본을 말하기 전에, 아우슈비츠의 나치의 잔악한 행위를 비난하기 전에, 우리 일본인은 해야 할 일이

페이지
254-256
필자
독자, 위양복(魏良福)
키워드
지문날인, 김명식(金明植), 고대사, 교과서, 2-3세, 학림도서실(学林図書室)
해제자
임성숙

많이 있다.

현재 제3세계 출신 기술연구생들에게 일본어를 가르치고 있지만 그들의 웃음을 볼 때마다 전후책임 뿐만 아니라 지금도 탈아입구(脱亜入欧)에서 빠지지 못한 일본인(자신도 포함하여) 의 정신생활의 빈곤함을 느낀다.

먹(墨)으로 쓰여진 거짓말 도쿄도(東京都) 메구로구(目黒区)·니시노 미노루(西野 秀)·대학생·22세

"먹으로 쓴 거짓말은 피로 쓴 사실을 덮을 수 없다"고 과거 루쉰(魯迅)은 에세이에서 말했다. 그러나 일본에서는 "먹으로 쓴 거짓말"을 끝까지 주장하려고 한다. 뿐 만 아니라 "이 땅에 숨겨진 비밀을 알려주세요(この地に隠された秘密を教えてください)"라는 시를 쓴 유학생 김명식(金明植) 씨가 지문을 거부했다는 이유만으로 일본에서 추방당하려고 한다. 생각해보면 일본 지배자들이 해온 짓은 항상 이런 일들이었다. 그러나 억압된 사람들은 저항해왔다. 지문날인거부의 싸움도 그런 싸움의 역사의 하나가 될지 모른다. 그러나 "피로 쓴 사실"을 알고 "이 땅에 숨겨진 비밀"을 해명하는 것은 일본이 해야 할 일이다. 왜냐하면 "이 땅에 숨겨진 비밀"이란 일본인이 사는 방식 그 자체이기 때문이다.

근대사가 가지는 의미 오카야마현(岡山県) 도마다군(苫田郡)·가타다 도모히로(片田智弘)·공무원·26세

이번에 처음으로 귀 잡지를 구입했다. 시가 마사루(志賀 勝) 씨의 『아무르 중소국경을 달리다(アムール 中ソ国境を駆ける)』에서 관련기사가 『계간 삼천리』에 있다고 했기 때문이다. 나는 조선고대사에 관심이 있어 공부하는데, 근대사는 잘 알지 못했다. 『아무르 중소국경을 달리다』와 귀 잡지를 읽고 근대사가 가지는 의미를 더 알고 싶어졌다.

놀라움과 기쁨 스이타시(吹田市)·이호문(李鎬文)·회사임원·66세

본 잡지를 매번 즐겁게 그리고 새로운 지식을 접하는 마음으로 읽고 있다. 재일조선인이 알아야 할 문제를 평이하게 해설한 논문이나 리포트를 접할 때 마다 놀라움과 기쁨을 느낀다. 편집부의 고생이 지면에 드러나고 머리가 수그러진다.

좌담회를 읽고 요코하마시(横浜市)·시바하라 마나부(柴原 学)·65세

제45호 좌담회「역사교과서의 조선을 묻는다(歴史教科書の朝鮮を)」를 읽었다. 조선의 사범부속 소학교 교원실습생이었던 1939년의 일이었다. 나는 "조선은 식민지다"고 말했던 일을 계기로, '내선일체'와 '황국신민교육'을 대방침으로 했던 총독부·사범학교 방침의 격분(?)을 건드려 평안남도 주변지역에 부임되었다. 나는 이것을 지금도 명예롭게 생각한다. 그러나 4 명의 역사가·작가의 좌담회를 읽고 나의 지나친 무지를 부끄럽게 생각한다.

전쟁 전 조선에서 교편을 잡았던 일에 대한 반성때문에 전후 교사를 퇴직한 후 〈교과서소송〉지원운동에 참여했다. 좌담회에서는 이에나가(家永)교과서의 잘 못된 기술(조선관련)에 대하여 이야기한다. 교과서 집필자의 태도나 조일관계 전반에 대한 날카로운 지적을 읽고 새삼스럽게 규명할 점이 많다고 생각했다.

중요한 것 가와사키시(川崎市)·이이누마 도모코(飯沼友子)·주부·53세

최근 귀 잡지를 알게 되어 늦게 독후감을 쓰는 점 양해 해주기 바란다. 많은 내용을 탐내듯 읽었는데 특히 관심 깊이 본 내용은 다음과 같다. 도쿠도미 로카(徳富蘆花)의 조선관, 조선시대의 미와 야나기 무네요시(柳宗悦), 장두식(張斗植)의 문학과의 만남, 민족학교에서 배우는 아이들, 왜 재판인가, 관부연락선(関釜連絡船)의 과거와 현재, 1930년대 브나로드 운동(ヴ·ナロード運動),

교기 서장(行基序章), 나의 조선경험, 이상한 재판……. 그리고 「재일조선인으로서(在日朝鮮人として)」(안추령·安秋玲), 「나의 본명선언(ぼくの本名宣言)」(김일남·金一男), 「이 씨에 대하여(李さんのこと)」(이노우에 준코·井上純子)는 앞으로 우리가 참여해야 할 중요한 문제들이다.

어머니에 대하여 가시와자키시(柏崎市)·세키노 가즈히로(関野和裕)·회사원·25세

게이힌지구(京浜地区) 가와사키(川崎)에서 자란 나에게 재일조선인과의 관계는 신체의 일부와 같다. 사망한 어머니는 작은 식당을 했는데 물건을 사러 갈 때 항상 조선건물상이 많은 사쿠라모토 상점(桜本商店街)까지 다녔다. 어머니는 조선인 차별을 완전히 벗어나지 못하고 돌아가셨지만 물품을 사는 생활감각에서는 동등한 위상에 있었을 것이다. 여기서 무엇인가 찾아내야 한다.

더 많은 일본인 측에서 투고가 있었으면 좋겠다. 완전한 인간이란 없고 특이한 상황에서 불쑥 본심이 드러난다. 그것이 반응을 만들고 서로 차이를 인정하면서 생활하고 살아가게 되는데, 그 정도의 너그러움이 있어야 한다.

학림도서실(学林図書室)의 재개관 오사카시(大阪市)·박일(朴一)·학림도서실 운영위원

나는 오사카 '이카이노(猪飼野)'에서 한국·조선관계 서적을 중심으로 한 도서자료실 〈학림도서실〉의 운영에 참여해 왔다. 작년 이래 재정상의 문제로 1년간 휴관했지만 많은 분들의 지원으로 올해 3월부터 다시 개관할 수 있게 되었다. 현재 재일조선인의 90%인 2세·3세가 사는 일본에서 어떻게 살 것인지에 대한 문제가 우리에게 주어진 큰 과제이다. 본 잡지 42호부터 45호에 게재된 강상중(姜尚中) 씨와 양태호(梁泰昊) 씨의 '재일'논쟁은 아주 흥미로웠

고, 운영위원들 사이에서도 이 논쟁을 주제로 학습회를 열었다. 그리고 재일론을 깊이 파고들 필요가 있다는 공동인식을 가지고 도서실에서는 올 여름 4번째 '재일'심포지엄을 개최한다. 가나가와대학(神奈川大学)의 윤건차(尹建次) 씨와 양태호 씨를 모시고 8월 24일 개최한다. 많은 분들의 참여를 기대하고 좋은 결실을 맺고 싶다.

회원 분들의 따뜻한 지원 덕분에 겨우 재정상 전망이 생겼고 운영을 지속할 목표가 보였지만 아직 힘이 부족하다. 여러분의 조력을 기대한다.

2세·3세의 활약에 생각한다 편집부·위양복(魏良福)

최근 몇 년 동안 재일조선인 2세·3세의 활약이 눈에 띈다. 본 잡지가 여러 번 다루었던 지문문제에서도 또 각 지역의 '민족 축제(民族まつり)'등 문화운동에서도 그 중심에 그들이 있다. 올해 한국에서 온 작가 황석영(黃晳暎) 씨나 연출가와 〈마당극〉 공연을 했고, 재일 2세·3세 여성들이 한국화가의 판화전을 열었는데 호응이 좋았다. 반면 가야금과 창고를 즐기는 젊은 사람들도 늘었다. 이것은 본국과의 왕래가 빈번해진 것과 관계가 있지만 민족문화를 적극적으로 받아들이고자 하는 2세·3세의 자세라고 할 수 있다.

본 잡지에는 각지에서 통신, 안내 팸플릿이 보내져 오는데 그 중 '우리나라 책받침(ウリナラ下敷)'이 있었다. 이 책받침에는 한글 가나다라표와 간단한 인사말, 친척호칭 등이 그림으로 그려져 있고 한글에는 음을 달았다. 또 다른 면에는 조선지도, 역사인물이나 사적이 그려져 있고 아이들이 즐겁게 조선을 알 수 있도록 되어 있다. 「민족교육을 추진하는 연락회(民族教育をすすめる連絡会)」(오사카시 이쿠노구 쇼지히가시/大阪市生野区小路東 1-6-4 전화 06-758-05299)가 이것을 만들었고, 여기에 재일 2세·3세가 참여했다.

'우리나라 책받침'의 지도에는 38도 경계선이 없고 '하나의 조선'을 바라는 사람들이 소원을 담은 듯 보였다. 재일을 어쩔 수 없이 사는 우리들에게 자신의 민족문화를 키우고 여러 분야에서 표현하는 일은 일본인과의 진정한 만남의 장을 만드는 일이 아닌가.

편집을 마치고

編集を終えて

〈일본을 지키는 국민회의(日本を守る国民会議)〉(가세 도시카즈·加瀬俊一) 의장이 편집한 『신편 일본사(新編日本史)』의 서술에 이어 후지오(藤尾) 문부성 장관(文部相)의 발언이 한국과 중국, 필리핀, 태국 등 아시아 국가의 여론을 자극하고 외교 문제까지 발전할지도 모르는 상황이 되었다. 반면 자민당의 젊은 의원들 사이에서는 내정간섭이라고 반발하는 움직임도 있다.

『신편 일본사』의 서술에 대해서는 본 호 '자료'의 마부치 사다토시(馬淵貞利) 씨의 논문에서도 언급되지만 아시아국가들은 침략 전쟁이나 식민지지배에 대하여 약간의 반성도 찾을 수 없는 점을 문제시했다. 예를 들면, 한국병합에 대하여 "이토 히로부미(伊藤博文)가 (중략) 독립운동의 장사(壯士) 안중근(安重根)에 의해 사살되고 한일관계는 최악의 사태를 맞이하고 여기에 병합문제는 급속히 진전되었다"고 써있다. 또한 '만주국'은 '왕도낙토(王道楽土)'건설을 목표로 한다고 기술하고 태평양전쟁은 '동아해방(脱亜解放)'을 위한 것이라고 하고 그 결과 "아시아 민족은 여러 형태로 독립을 실현하고 세계사적 전환의 시대가 시작했다"고 썼다. 일본군의 파괴나 잔악행위는 다루지 않고 히로시마(広島)·나가사키(長崎)의 원폭피해를 다루고 패전 후 복원(復員)·인양(引きあげ)에 따르는 비참한 부분을 강조한다.

오늘 날 교과서는 '국제화 21세기를 살아가는 일본인'교육을

페이지
256
필자
이진희
(李進熙, 1929-2012)
키워드
「일본을 지키는 국민회의(日本を守る国民会議)」, 『신편 일본사(新編日本史)』, 후지오 마사유키(藤尾正行), 교과서, 식민지지배, 아시아
해제자
임성숙

목표로 하고 편집되는데, 아버지나 할아버지 세대가 했던 침략전쟁이나 식민지지배를 미화하는 교육을 실시해놓고 어떻게 할 것인가. 본 잡지에서도 자주 다루었듯이 아시아국가의 사람들이 금세기 받은 상처는 깊고 아직 아물지 않는다. 이 점을 잘 생각해주길 바란다.

1986년 겨울(11월) 48호

가교

고보高暮 댐을 생각한다

[架橋]] 高暮ダムみに思う

야마시로 도모에는 작가이다. 마르크스주의 입장에서 글을 집필하고 있으면 운동가이기도 하다. 대표작으로 『짐수레의 노래(荷車の歌)』가 있으며, 농촌 여성을 주인공으로 그려 인기를 얻은 작품이다. 야마시로는 전후 민중문화사 연구의 문맥에서도 주목을 받았다. 이 글은 일본 고보 댐에 동원된 조선인의 상황을 기술하고, 이를 주도적으로 동원한 일본발송전기주식회사나 하청 업자들의 횡포를 기술한다. 그리고 조선인이 전쟁피해자이기도 하면서 마찬가지로 일본인 중에도 전쟁 피해자가 있다는 것을 통해 한일 간의 '민중'연대의 의미를 다시 생각하게 한다.

페이지
14-17

필자
야마시로 도모에
(山代巴, 1912-2004)

키워드
'현북(縣北) 현대사를 조사하는 모임',
일본발송전기주식회사,
건설회사,
전쟁의 희생자

해제자
전성곤

산요(山陽)와 산인(山陰)으로 나누어진 중국 산맥의 능선을 따라 고시엔(甲子園)야구장의 130배 넓이를 가진 댐 높이 70미터, 길이 195미터, 4000만 톤의 수량을 확보하는 고보(高暮) 댐이 있다. 이것은 전시 중에 만들어진 중국지방 최대의 댐이다. 이 댐이 있는 히로시마현(広島県)의 현(県) 북부 지역의 기사(吉舎)라는 마을의 내 직장 뒤편에 '현북(縣北) 현대사를 조사하는 모임'의 후지무라 고이치(藤村耕市)의 집이 있다. 나는 이 사람을 통해서 고보 댐에 대한 꽤 많은 지식을 얻을 수 있었다.

후지무라 씨가 '현북의 현대사를 조사하는 모임'을 만들 때는 일본과 조선민주주의인민공화국과의 사이에도 귀국 협정이 조인되고, 고보 댐 건설에서 일한 조선인 노동자가 모두 귀국해 버린 뒤였기 때문에 가혹한 노역을 체험한 조선인 노동자들로부터 증언을 들을 수는 없었지만, 4년에 거쳐 고보 댐 관련자 70명의 증언을 얻어 방대한 듣기 자료와 조사를 통한 슬라이드를 모을 수 있었다.

조선인은 한 번에 30명부터 60명 정도 모두 동일한 카키색(khaki) 작업복을 입고, 명찰을 달고 당시 미요시역(三次駅)으로 인솔되어 왔는데, 일본인은 그것을 '집단'이라고 불렀다. 집단은 그곳에서 전원 지문날인을 하고 역 앞에 줄지어 정렬했다. 미요시 경찰서장으로부터 '너희들은 오늘부터 일본을 위해 천황폐하를 위해 일하는 것이다. 몸을 아끼지 말고 일하라. 말을 듣지 않으면 그냥 두지 않을 것이다'라고 훈시하고 눈가리개를 한 후 트럭에 태워 기미타손(君田村)을 지나 현장으로 이송되었다.

공사 진행이 최고기에 있었을 때 조선인이 얼마나 있었는가 정확하지는 않지만, 1946년 9월에 여기에 들어온 조선인 B 씨는 그때까지 귀국한 자가 800명, 아직 일하던 자가 1200명이라고 증언했다.

공사 발주는 일본발송전기주식회사(현재의 중국전력 전신)이다. 하청을 받은 것은 오쿠무라구미(奥村組) 건설회사였다. 이 회사에는 10명 정도의 책임자가 있었으며 그 아래에 노동자 합숙소 관련 우두머리가 15명, 16명 정도 있었다. 조선인 노동자는 그 아래에서 일하고 있었던 것이다. 노동자 합숙소 관련 우두머리 격인 A 씨는 "고보(高暮) 댐은 조선인이 만든 댐이다. 그 댐 뿐 만 아니라 전쟁 중에 일본에서 만든 댐은 전부 조선인이 만든 것이라고 해도 과언이 아닐 정도이다. 일본인은 회사 간부와 하청 업자의 우두머리, 기능공 뿐이었다. 나머지는 모두 조선인이었다"고 증언했다.

이후 많은 증언들이 나왔지만 일본발송전기주식회사도, 오쿠무라구미 사람들도 모두 자신들의 책임이 아니라고 말한다. 이러한 무책임은 일본의 패전까지의 식민지주의의 본질 그 자체라고 나는

생각한다. 이 무책임을 그대로 방치한 채 일본민족이 평화를 위해 나아갈 리가 없다. 그렇지만, 이 식민지주의의 비인도적 분위기 속에서 놀랄만한 인도적인 것이 있었다. 오노 히사코(小野久子) 씨라는 80세의 할머니 집은 지금도 구쓰가하라(沓ヶ原) 댐 옆에 있는데, 원래 오노 씨 집은 지금의 집에서 200미터 떨어져 있는 댐 속에 침수되어 창고만이 수면에 모습을 드러내고 있으며, 물이 빠졌을 때 이전의 집이 모습을 나타낸다고 한다. 그 물 속에 그녀가 남편하고 살았던 곳인 것이다. 남편은 중일전쟁 때에 소집되어 서주(徐州)작전에서 전사했다. 이 오노 할머니는 도망하는 조선인에게 주먹밥을 주었고 도망치는 것을 도와주었고, 도망을 성공시켰다는 이야기를 해 주었다. 내 남편도 전쟁으로 희생되었고 그 사람들도 전쟁의 희생자이다. 본인도 전쟁의 희생자라고 했다.

이것이야말로 우리들이 계속 전해가야 할 이 현북(縣北) 민중의 평화적 한일 우호를 위한 마음 속의 연대사상의 출현이라고 생각한다.

가교

『미국이 패했다』를 썼을 때

[架橋]]『アメリカ敗れたり』を書いたころ

데라오 고로는 홋카이도(北海道) 출신이다. 1938년 와세다대학(早稲田大学) 문학부 철학과에 입학한 후 공산주의 운동에 참가했다. 1940년에 치안유지법위반으로 검거되기도 했으며, 1943년에 군에 소집되었었는데, 1945년에 만주 치치하루 항공부대에서 반전 활동을 하다가 구소괴고 도쿄 헌병대로 송환되었다. 8월 15일 패전 이후 일본공산당 본부에서 활동했다. 1958년에는 북조선 건국 10주년 기념식에 방문사절단으로 선발되어 방문했으며 이후『38도선의 북(38度線の北)』을 저술했다. 1961년에 일본조선연구소를 설립하고, 이사로 취임한다. 1966년 중국에서 일어난 문화대혁명을 지지하고, 1967년 선린학생회관 사건 때에도 중국공산당 입장에 서서 일본공산당에게 항의를 하기도 했다.1999년에 서거하고, 사후에는 갖고 있던 장서(蔵書)를 농산촌문화협회에 기증하기도 했다. 이 글은 조선전쟁 시기에 저자가 '미국이 패한다는 내용'의 저서를 집필한 경위에 대해 기술한다.

페이지
17-20

필자
데라오 고로
(寺尾五郎, 1921-1999)

키워드
평화운동,
마르크스주의자,
탄압, 조선전쟁,
공산당

해제자
전성곤

1950년대 일본의 평화운동에 대해 이야기를 해 달라는 주문이 『계간 삼천리』 편집부로부터 의뢰가 있었을 때 '죄송하다'며 고사했더니, 그렇다면 '요새 간행한 저서에 대해 마음 편하게 소개해라' 라는 요청을 받고 그 정도라면 할 수 있을 것 같이 이를 수락했다. 그렇지만 그것이 그렇게 마음 편하게 글이 써지는 것도 아니었다.

30여 년 전의 옛 이야기로 여러 가지 생각을 더듬어보려고 해도 무엇을 생각하면 좋을지 생각이 안 나서, 먼지투성이의 옛날 책을 꺼내어 이곳저곳을 넘겨보았다. 그것은 1952년 12월, 고가쓰쇼보(五月書房)에서 간행한 『미국이 패했다 - 군사적으로 본 조선전쟁』이라는 책으로, 요시타케 요우조(吉武要三)라는 필명을 사용했다.

조선 전쟁은 1950년 6월부터 53년 7월까지 3년간 진행된 대전쟁이었다. 그 승패를 예측하기 어려운 전란(戰亂) 중인 52년 시점에 일찍이 '미국 패했다'라는 대담한 제목을 붙인 탓인지 이 책은 잘 팔렸다. 이 자극적인 제목은 내 발상이 아니라 편집자의 착안이었다.

편집자는 나의 선배격에 해당하는 사람으로 『요미우리신문』 기자를 지냈고 그 유명한 요미우리 소송쟁의에 의해 사직하고 고가쓰쇼보에 옮겼다. 나는 출판에 대해서는 신경을 쓰지 않았고, 단지 내가 관심을 갖고 조선전쟁을 연구하면서 노트를 작성한 것을 안 K 씨가 '내가 그럼 책을 내어 주지'라고 말한 것이 그 시초가 되었다. 당시는 아직 미군 점령 하에서 있었던 사정도 있었고 K 씨는 저자가 마르크스주의자라는 것을 숨기자는 것과 정치, 사상의 문제에는 언급하지 말고 단순하게 군사기술 범위로 한정하는 것으로 하며 이름도 필명으로 하자는 조건이 있었다. 글을 정리하는 단계에서 샌프란시스코 강화조약이 이루어졌고 52년의 '피의 노동절' 즈음에 탈고했던 것으로 기억한다.

일본 공산당은 50년 분열이 있었으며, 국제파의 입장에 있었던 나는 갖가지 형태로 굶어가고 있었다. 조선전쟁 발발 당일 저녁 노사카 산조(野坂参三)가 아카하타 편집국 방에서 '탄압을 피하기 위해 조선 전쟁에 대해서는 아무것도 말하지 말고 쓰지도 않겠다'고 아연질색하며 훈시했던 것을 우연히 그 자리에서 듣고 화를 냈었다.

이처럼 도망가는 수법을 쓴다해도 그 다음날 맥아더 명령으로 발행정지를 당했는데, 나중에 생각해 보니, 이 때의 분노가 나의 조선전쟁 연구에 불을 지폈다는 생각이 들기도 한다. '당에서 하지 않는다면 내가 한다'는 마음이 들었다. 그 후 나는 국제파에서 제명을 당하고 직업도 없었으며 이다바시(飯田橋)의 작은 회관에서 숙직하며 청소부를 하고 있었다.

완성된 원고를 건넨 이후에는 매일같이 취직자리 찾기에 바빴다. 어느 날 저녁 유라쿠초(有楽町) 역 앞에서 공산당 서적을 파는 길거리 서점에서 매가폰으로 흘러나오는 소리를 들었다.

'마침내 나왔다. 조선전쟁의 실상, 언제 발행금지가 될지 모른다. 한 권에 2백엔이다. 한권 사주길 바란다'

여하튼 책은 잘 팔렸던 모양이다. 그렇지만 1만부 혹은 2만부 정도였는데, 일반 독자가 3분의 1이고 좌익 일본인이 3분의 1, 그리고 재일조선인이 3분의 1정도였다.

가교
첫 방한
[架橋]] 初めての訪韓

마에다 고사쿠는 미에현(三重県) 출신으로 1957년 나고야대학(名古屋大学) 문학부 철학과를 졸업했다. 미술사를 전공했다. 1964년 나고야대학 아프카니스탄 학술조사단의 일원으로 바미안(Bamyan)을 방문한다. 이후 아시아·오리엔트 지역을 필드로 삼아 연구한다. 1975년부터 와코대학(和光大学)교수로 근무했고, 2003년부터 명예교수를 지냈다. 일본의 아시아 문화연구자이다. 이 글은 마에다 고사쿠가 일본 내에서 갖고 있던 원체험으로서 재일조선인 이미지를 소개하면서 실제로 한국을 방문하여 얻은 자료를 통해 새로운 한일 관계를 생각하는 계기가 된 것에 대해 적고 있다.

페이지
20-23

필자
마에다 고사쿠
(前田耕作, 1933~)

키워드
흰 저고리,
흰 고무신,
원형, 한국말,
임태보,
화랑

해제자
전성곤

조선에 대한 것은 역시 특별한 생각이 든다. 그것은 내 안에 조금씩 키워온 조선 이미지와 깊게 관계가 된다. '재일하는 조선 사람들'과의 접촉, 서책, 흘러들어오는 정보, 일본인들의 표현, 행동들, 당연하지만 이러한 여러 종류의 계기에 의해 형태지어진 것이다. 어린 마음에 깊게 새겨진 최초의 이미지는 물건을 팔러 오는 여성의 흰 저고리와 흰 고무신이었다. 어머니의 기모노 옷자락을 잡고 살짝 보았던 것을 기억하고 있다. 여성의 얼굴은 기억에 없지만, 언제나 그것을 떠울리면 언제부터인가 머리카락을 뒤쪽으로 묶고 작게 쪽을 지고 깊게 주름을 한 얼굴이 떠오른다. 나중에 만들어진 이미지와 중첩되는 것이다.

나의 원형이라고 말할 수 있는 이 이미지가 어떤 변화 속에서 가역(可逆)할 수 없는 시간을 뚫고 지나왔는가는 내 자신의 문제로서 언젠가 말할 기회가 있을 것이다. 백문이 불여일견이라 했는데, 오랜 고심 끝에 한번 가보자고 결심한 것은, 지금부터 3년 전의 여름이었다. 조선어를 조금 배워보았다. 비행기는 대한항공으로 했다. 숙소는 처음이기 때문에 우선 서림호텔로 예약을 했다. 나중에 소문을 듣고 비원에 가까운 운니동에 운당여관을 방문하여 그곳에 숙소를 옮겼다.

많은 나라들의 입국 수속을 경험했는데, 볼통스러운 말로 주고받기도 하고, 때로는 이야기를 오래 나누고, 여러 사람들에게 폐를 끼치는 일도 있었지만, 김포공항 직원은 말없이 고개를 숙이고 있었다. 약간의 시간이 지났는데, 엄중한 긴장감을 느꼈다. 무언으로 불쑥 내밀어진 여권을 받아들었을 때 무슨 말인가를 나에게 했는데, 나는 '감사합니다' 라고 대답했다. '한국말을 하십니까'라는 말이 되돌아왔다. '네 조금 할 줄 압니다'라고 답했는데 이것이 내가 사용한 첫 조선어였다.

그렇다고 하더라도 어디에서도 맛본 적 없는 긴장감은 대체 무엇이었을까. 내 자신이 많은 것을 짊어지고 왔다는 것을 실감했다. 그러나 나에게 있어서는 자연스러운 것은 아닌가. '조선은 메이지 43년 8월 29일에 소칙(詔勅)에 의해 일본으로 병합되었다면 그 역사는 곧 신영토의 역사'(임태보, 『조선통사』)로 하여 동서 양 제국대학 모두가 이를 '국사과'에 편입해 왔던 불합리성이었다. 전후 40년의 세월도 자타에게 준 상처를 반드시 치유한 것이 아니라는 것을 알고 있기 때문이다.

한글로 가득 찬 책을 나는 곧바로 읽지는 못한다. 사전을 한쪽 손에 들고 힘들게 찾아가면서 고생하지 않으면 안 된다. 나에게 '한글의 세계'는 이 책의 저편 세상에 있는 것이 될 것이다. 한국연구원 발행의 『한(韓)』이 신라 화랑연구의 특집으로 꾸몄고, 젊고 훌륭한 한국 학자들이 새로운 시좌에서 화랑 문제를 다루고 있는 것을 모르는 것은 아니지만, 고서인 『화랑도연구』는 긴장감과 망설임 그리고 주저함과 초초함 등이 있으며 친근감을 가진 서울에서의 맞이한 마지막에 만난 책으로 나에게는 한국체험과 뗄 수 없는 것으로, 화랑연구를 시작하지 않을 수 없을 듯하다.

좌담회

해방 후 10년의 재일조선인 운동

[座談会] 解放後十年の在日朝鮮人運動

강재언은 조선근대사, 사상사를 연구하는 재일조선인 역사가이다.1975년부터 1987년까지 『계간 삼천리』편집위원을 지냈고, 교토대학(京都大学)에서 역사학으로 박사학위를 받았다. 그 후 하나조노대학(花園大学) 교수를 지냈다. 대표적인 저서는 『조선근대사연구(朝鮮近代史研究)』(1980), 『조선의 개화사상』(1986), 『근대조선의 사상』(1984) 등이다. 이철은, 구마모토현(熊本県) 출생으로 재일 2세이다. 히토요시(人吉)고등학교를 졸업하고, 도쿄의 추오대학(中央大学)에서 수학하고, 1973년 한국에 유학했다. 그러나 한국에서 정치범으로 구속되어 형무소 생활을 보냈다. 일본에서는 한국향심수 동우회 회장을 역임했다. 이진희는 재일한국인 역사연구자이다. 와코대학(和光大学) 명예교수를 지냈다. 전공는 고고학, 고대사, 한일관계사였다. 이 글은 제목처럼 재일1세와 2세가 겪은 전후 10년간의 재일한국조선인의 역사를 대담 형식으로 전개하면서, 역사를 증언하는 형식으로 기술하고 있다.

페이지
20-23
필자
강재언
(姜在彦, 1926-2017),
이철
(李哲, 미상),
이진희
(李進熙, 1929-2012)
키워드
조련(朝連),
후지오 마사유키
(藤尾正行),
재일조선인연맹,
공산당 재건대회
해제자
전성곤

귀국 그리고 조련(朝連)결성

이진희: 오늘은 전후 10년간, 일본 패전의 1945년 8월 15일부터 1955년까지의 재일조선인 운동에 대해 생각해 보고 싶다. 우선 패전과 함께 일본은 미군 점령 하에 들어가고 민주화가 시작된다.

이 민주화에서는 식민지지배와 전쟁체제의 청산을 사상적 측면에서 엄중하게 실행할 것이 요구되었다. 그것이 과연 어떻게 되었는가, 그것은 오늘날 교과서 문제나 후지오 마사유키(藤尾正行) 발언에도 관계되는 것이다. 그리고 재일조선인에 있어서는 이 10년간에 남북조선의 분단과 조선전쟁이라는 조국의 엄중한 상황과 만났고, 또한 일본에서 살기위해 고통스러운 투쟁의 시기이기도 있었다. 현재 재일2, 3세들의 정착화 문제나 지문날인 문제 등 권리문제가 일본사회의 커다란 관심사가 되었는데, 이들 문제를 이해하기위해서라도 전후 10년간을 되돌아보는 것이 중요하다고 생각한다.

이철: 일본 패전 시 재일조선인의 숫자는 약240만 명이었는데, 1945년 10월까지 110만 명이 조국으로 돌아갔다. 그런데, 일본정부는 이 귀국에 대해 아무런 책임있는 조치를 취하지 않았다. 특히 수송면에서는 조선이나 중국 등으로부터 일본인의 히키아게자(引揚者)들을 태운 흥안환(興安丸)이나 덕수환(德壽丸)(전전의 관부연락선)을 재일조선인의 귀국선으로 사용하기도 했지만, 그것으로는 충분하지 않았다. 결국 대부분의 사람들이 자비로 어선이나 증기선을 구입하여 귀국한 것이었다.

이진희: 그 240만 대부분은 조선에서 강제로 연행되어 군수공장이나 탄광에 보내지거나 비행장, 지하 공장 작업 등 중노동에 종사하게 했는데, 패전이 된 순간 일본정부는 이들을 방치한 것이다. 따라서 자신들의 힘으로 귀국하지 않을 수 없게 되었고, 생명도 지키지 않으면 안 되었다. 그러나 일본정부는 해외에 있는 일본인을 귀국시키기 위해서는 부산이나 중국의 항구에 일본인 배를 보내기도 했다.

강재언: 전후 혼란기라고는 하지만, 너무 무책임한 것이었다. 시모노세키(下関)의 오쓰보(大坪)라는 곳에 조선인 부락이 있는데, 그들은 전국각지에서 귀국을 위해 그곳까지 와서 배를 태워주지 않

아 기다리고 있는 동안에 마을을 만들어 계속 살게 되었던 것이다.

이철: 일본정부는 귀국문제뿐만 아니라 재일조선인의 생명, 재산을 지키는 것에 관해서도 동일했다. 이러한 상황 속에서 8·15 뒤에 각지에 조선인 집단이 조직되었다. 그리고 9월에 들어서서 그 숫자는 110개에 달하고 22일에는 이들 각 단체의 대표자들에 의해 재일조선인 연맹준비회가 만들어지고 1개월 후 10월 15일에는 재일조선인 연맹(조련)의 결성을 보게 된 것이다. 위원장이 윤근으로 부위원장에는 김정홍, 김민화가 선출되었다. 조련은 47도부현(都府県)에 본부를 두고 그 아래 지회, 분회 조직을 두고 1350개가 되었다. 한 번에 분출한 민족의 의욕이라고 할까, 대단한 에너지였다고 말할 수 있다. 조련이 내건 슬로건은 일련의 정치과제 이외에도 귀국 동포의 안전 확보와 이민족간의 마찰 방지, 그것에 재일동포의 권익옹호 및 생활 빈곤자의 구원이었는데, 그 중에서도 동포계몽과 청소년 교육, 교양을 중요한 과제로 내걸었다. 실제로 교육부문에서의 활동성과를 보면, 1946년 현재시점에서 초등민족학교가 508개교로 아동 숫자가 6만명, 중등학교가 12개교로 3000명, 또한 교육 출판물에 이르러서는 100만부를 넘고 있다. 이것을 그 전후 혼란기에 교사도 학교 건물도 교과서도 없는 제로에서 출발했던 것이다.

이진희: 그 조련 결성 5일전 10월 10일에는 조선인이 중심이 된 부중(府中)형무소로 몰려가 치안유지법으로 붙잡힌 사상범(정치범)을 석방시켰다.

이철: 온 일본이 허탈상태에 놓여져 있었기 때문에, 일본인에게는 생각지도 못했다라고 한다면 어폐가 있을지 모르지만, 여하튼 당시 조선인 활동가들이 담당한 역할을 매우 컸다고 말할 수 있다. 그 당시의 사진을 보면 감옥에서 18년을 보낸 도쿠다 도쿠다 규이치(徳田球一), 시가 요시오(志賀義雄)를 비롯해 옥중 16년을 보낸 김천해(金天海) 등의 얼굴을 볼 수 있다. 그들은 출옥 후 트럭

을 타고 다무라초(田村町)의 비행회관으로 가 환영대회에 참가하는데, 집회 사회부터 환영 연설에 이르기까지 각각의 조선인이 중심이 되어 실행했던 것이다.

이진희: 일본 공산당 재건대회가 12월 1일에 있었는데, 그것보다 2개월 이전에 조선인의 전국조직이 조직되었던 것이다. 그리고 탄광노조처럼 노동조합이 조직될 때 역시 조선인 노동자의 활동이 커다란 원동력이 되었다.

이철: 일본공산당 제1회 전국협의회라는 것이 1945년 11월 8일에 도쿄 요요기(代々木)에서 열리고 당재건대회를 위해 준비위원을 선출했는데, 6명의 중앙 간부 중에 김천해가 들어가 있었다. 그는 12월 당재건대회에서도 중앙위원 중 한사람으로 선출되었다. 그리고 다음해 2월에 제5회 당대회가 열렸을 때 도쿠다 규이치 이하 20여명의 중앙위원 중에 김천해, 중앙위원 후보에는 송성철, 김두용, 박은철, 이호명 등이 선발되었다. 이처럼 일본 공상당 재건에는 조선인 당원들이 깊게 관여하고 있었다.

강재언: 조련시대에서 민선(재일조선통일민주전선)시대, 즉 노선 전환의 1955년까지는 재일조선인 운동은 일본공산당과 따로 떼어서는 생각할 수 없을 정도로 밀착되어 있었다. 1929년, 30년에 코민테른에서의 조선공산당 일본총국 및 조선인 노동단체를 해산하고 재일조선인 공산주의자는 모두 일본공산당 및 그 지도하에 각종단체로 들어가서 활약했다. 김두용의 논문은 그 연장선상에서 쓴 논고이다.

이진희: 일본의 패전까지 재일조선인 중에는 권력의 앞잡이가 되어 '협화회'를 만들기도 하고, 더 심하게는 천황에 충성하는 일심회를 만든 사람도 있지만, 대부분은 독립운동을 위해 일본의 각종 단체에 들어가 활동했다. 김두용 논문에는 이러한 전전의 노동운동, 반제국주의 운동에서의 재일조선인 역사가 계승되고 있다.

'재일본조선인연맹' 시절

'在日本朝鮮人連盟'のころ

장정수는 1909년 경상남도 함안군에서 태어났으며 재일한국인 1세대 사회운동가이다. 1926년 17살 때 일본 오사카로 건너갔다. 조선인이 경영하는 메리야스공장 등에서 일했다. 1929년에는 사할린에 있는 제지공장에서 일하였는데 병 때문에 오사카로 돌아왔다. 이 무렵부터 노동 운동에 참여하여 일본노동조합 전국협의회의 활동을 하게 되었다. 1935년에는 조선어 신문 『민중시보(民衆時報)』(1935년 6월 창간)를 배부하였다. 주요 저서에는 『재일 60년·자립과 저항: 재일조선인 운동사의 증언(在日60年·自立と抵抗: 在日朝鮮人運動史への証言)』이 있다. 이글에서 저자는 자신이 일본에서 노동 운동을 하게 된 이유를 이렇게 설명한다. 조선인 노동자에 대한 차별이 심했고 임금은 일본인 노동자의 6할 정도이며 노동조건도 나빴다. 그러나 일본의 노동조합의 손발이 되어 활동하였다. 그렇게 하는 것이 조선 해방이 되어 일본의 식민지지배를 물리치게 된다고 생각했기 때문이다.

페이지
35-43

필자
장정수
(張錠寿, 1909~)

키워드
재일본 조선인연맹,
반민족행위,
교육투쟁, 협화회,
재일조선거류민단

해제자
김현아

나는 1945년 8월 15일을 오사카(大阪)에서 맞이하였다. 일본의 패전이 확실해지자 일본에 미련이 없으므로 조선으로 돌아가려고 귀국 준비를 하고 있었다. 그때 이전에 고려공산청년동맹(高麗共産青年同盟)에서 함께 활동했던 송경대(宋景台)가 찾아왔다. 송경대는 '이곳 일본에 2백만 명 이상의 조선인이 있는데 그 사람들을 그대로 두고 우리만이 돌아갈 수는 없다'고 말했다. 광산과 공사장에 강제 연행되어 온 조선인이 집단으로 귀국한다든지 또한 나처럼 가족이 있는 경우 가재도구를 팔고 배를 마련해서 귀국하려고 해도 도저히 어떻게 할 수 없었다. 그래서 8월 28일에 이쿠노(生野)에 있는 기타노여관(北野旅館)을 빌려서 김달관(金達寛), 김민화(金民化), 송경대와 '오사카 조선인협의회 결성준비위원회'를 만들어 조직 활동을 시작하였다.

우리가 오사카에서 활동하게 되자 9월에 도쿄에서 '재일본 조선인연맹 중앙결성준비위원회'가 결성되었고, 오사카에서만 활동한다는 것은 의미가 없으므로 조직을 통일하게 되었다. 그런데 조선인연맹으로 일원화한다면 오사카에 조선인이 많이 거주하고 있으므로 본부는 오사카에 두어야 한다는 의견이 강했다. 그래서 도쿄와 연락을 취하면서 오사카 뿐만 아니라 오카야마(岡山), 효고(兵庫), 교토(京都), 시가(滋賀), 아이치(愛知), 기후현(岐阜県)에서 대표자 한 명씩을 선출하고 회의하여 10월 6일 '재일본 조선인연맹 간사이(関西) 총본부'를 조직하게 되었다. 전국 조직을 규합하여 10월 15일, 16일 이틀간 도쿄에서 '재일본 조선인연맹'[조련(朝連)] 결성대회가 개최되었다.

조련은 결성 초기부터 조선으로 귀국하는 동포에게 편의를 도모하는 활동은 물론 반민족행위를 한 자를 조직 내에서 배제하였다. 특히 오사카에서는 그것을 철저하게 하였다. 전전(戰前)에 상애회(相愛会)와 일심회(一心会), 협화회(協和会) 간부 등은 동포인 조선인을 몹시 괴롭혔다. 그들은 전후에 보복이 두려워 살아남으려고 조련에 들어왔지만 모두 배제했다. 그러자 그들은 그것에 대항하여 '조선건국촉진청년동맹'(1945년 11월 결성)과 '재일조선거류민단'(1946년 10월 결성)을 조직하였다. 이것이 전후 일본에서 조선인 운동이 분열되는 시초가 되었다. 1946년 말 무렵에는 그들과 다투거나 폭력적인 일이 자주 발생했다.

어떻든 간에 조련으로서는 민족학교를 만들고 말단 조직을 정비하여 분회를 조직하였다. 그리고 조직 내에서 반민족행위자를 배제하고 활동이 궤도에 오른 것이 1946년 말 무렵부터이다. 1948년에는 니시나리구(西成区)에서 조련 주최로 '국제체육대회'도 개최되었다.

그리고 1948년 1월에 내려진 조선인학교 폐쇄령의 철회를 요구하는 운동은 전국각지에서 일제히 일어났다. 오사카에서도 철회를 요구하며 오사카부(府)·오사카시와 교섭하면서 학교에서 농성하거나 대집회를 열었다. 고베(神戸)의 4·24 교육투쟁 때에는 오사카에서도 많은 사람이 응원 하러 갔다. 나는 그때 이쿠노의 조련사무소에 남아 연락하는 역할을 하였다.

교육투쟁 때에는 학교에 와서 권총으로 위협하는 MP에게 '쏠려면 쏴봐'라고 가슴을 풀어헤치는 조선부인의 기백에 MP가 겁을 먹고 총을 쏘지 못했다는 이야기도 있다. 어떻게든 아이들의 민족교육을 지키려고 하였던 이 투쟁은 현재까지 계승되어야 할 귀중한 것이다.

조련의 활동은 협화회, 상애회 등의 반민족행위를 한 자에 대한 투쟁, 일본경찰과의 투쟁 속에서 여러 탄압을 받고 1949년 9월에 해산되었다.

한국전쟁과 일본

朝鮮戦争と日本

페이지
52-59
필자
야마카와 아키오
(山川 暁夫, 1927~2000)
키워드
한국전쟁,
미국 제국주의,
아시아 지배,
전후 일본,
평화운동
해제자
김현아

야마카와 아키오는 후쿠오카현(福岡県) 출생이며 일본의 정치 평론가이다. 1948년에 도쿄대학 경제학부에 입학하고 그해 10월에 일본공산당 본부의 청년학생 담당부원이 되었다. 1975년에는 '인사이다'를 창간하고 편집장을 맡았다. 1989년에는 오사카경제법과대학의 객원교수가 되었다. 주요 저서에는 『미국의 세계전략 - 일본은 그 타겟인가! 가담자인가(アメリカの世界戦略—日本はそのターゲットか!加担者か)』, 『80년대 - 그 위기와 전망 기술과 인간(80年代—その危機と展望 技術と人間)』 등이 있다. 이글에서 저자는 지금 일본자위대의 실체, 한미일 군사일체화의 관계는 아시아와 일본의 평화를 위협하고 있다. 이미 1984년 말에는 한반도를 작전지역으로 한 '미일공동 작전계획서'가 비밀리에 조인되는 단계까지 되었다. 이제까지의 전후 평화관을 극복하고 진정한 그리고 보편적인 평화의 실현, 제국주의의 타도를 향한 투쟁에 적극적으로 나서야 하는 의무가 일본 인민 모두에게 있다고 말하고 있다.

한국전쟁의 중대한 의의는 미국이 건국 이래 처음으로 전쟁에 승리할 수 없었다는 것이다. 그것만이 아니다, 전후 미국경제에 있어서 한국전쟁에 돌입하는 시점이 금을 최고로 보유하고 있었는데 한국전쟁의 패배를 전기(轉機)로 하여 미국경제가 몰락 또는 하락이 시작되었다는 것을 무시해서는 안 된다. 이 추세의 시작과 한편으로 한국전쟁을 계기로 전후 미국 제국주의의 아시아 지배 구조를 확립하고 그것이 오늘날까지 계속되고 있다는 의미에서 한국전쟁은 의심할 것도 없이 전후사의 방향을 결정한 것이다.

그것은 일본에 있어서도 예외는 아니다. 한국전쟁을 기회로 자위대의 전신인 경찰예비대가 발족하고 전쟁 수행과정에서 미일안보조약이 조인되었다. 그리고 한국전쟁으로 이전의 전범들이 온존되고 부활하는 근거를 제공하였다. 통역이라든가 군수품과 연료수송이라는 형태로 구 군인들이 비밀리에 동원되었다. 민간항공 재개를 구실로 모인 항공기 조종사들이 반 감금상태로 훈련을 받고 거짓 이름으로 한국전쟁에 참전했다. 1950년 7월 27일의 로이터통신에 의하면 참전한 일본 군인은 약 2만 5천 명에 달한다고 한다.

한국전쟁이 전후 일본에 미친 결정적인 의의는 첫째는 일본이 미국 제국주의의 아시아 지배의 불침항모의 역할을 확정한 것이다. 둘째는 일본이 그 속에서 경제적으로 재기한 것이다. 한국전쟁 때 일본의 미군기지는 확대되어 1951년 말 미군이 무상으로 사용한 일본의 재산은 당시 가격으로 5372억 엔에 달한다. 일본군 선박과 육상교통·통신의 90% 가까이가 미군에 의해 사용되고 미군을 위한 국철 수송량은 태평양전쟁 발발 때의 일본군의 사용량을 초과하는 것이었다. 일본경제가 한국전쟁 휴전 후 불과 10년 만인 1955년에 전전의 최고 수준으로 회복했다는 것은 오로지 한국전쟁에서 얻은 큰 이익 때문이다.

그리고 한국전쟁과 평화운동과 관련해서 볼 때 1950년 1월에 한미군사협정이 조인되기에 앞서 1949년 9월 8일에는 재일본 조선인연맹과 조선민주청년동맹이 해산되고 10월에는 조선인학교가 폐쇄되었다. 개전 전야인 6월에 점령 당국은 일본공산당 중앙위원회의 해산과 24명 전체 중앙위원, 기관지『아카하타』편집부 간부 17명을 공직추방 하였다. 이러한 일 없이 미군은 일본을 기지로 하는 한국전쟁에 착수할 수 없었을 것이다.

매스컴이 '북한, 남한에 침입'이라고 보도하는 가운데 한국전쟁은 시작되었다. 1950년 7월 11일에 GHQ 지시와 원조 아래 발족한 일본노동조합 총평의회는 한국전쟁에 대해서 ① 북한군의 계획적, 침략적 행위이며 그 무력적 침략에 방해한다. ② 38도선의 복원과 안전보장을 목적으로 하는 국제연합의 기본방침과 행동을 지원한다. ③ 그러나 일체의 전쟁포기를 분명히 한 헌법 하에 있는 일본국민으로서 사태의 판단과 행동에 있어서 어디까지나 자주성을 존중하고 전쟁개입에 반대한다는 태도를 보였다. 일본이 침략행위의 기지가 된 것에 대한 항의는 없고 전쟁에 연루되지 않으면 된다는 것이다. 그 후 지금까지 일본인의 압도적 부분을 지배하고 있는 '평화관(平和觀)'이 여기에 얼굴을 내밀고 있다. 또한 그것은 조선의 남북분단을 당연한 것으로 하는 견지에 입각하고 있었다.

가나가와현 조선인의 반전 활동

神奈川県下朝鮮人の反戦活動

히라바야시 히사에는 재일조선인 운동사연구회 회원이다. 이 글은 저자가 한국전쟁 기간에 가나가와현(神奈川県)에서 전개된 일본인과 조선인의 반미·반전 활동의 실태에 대해 당시의 『가나가와신문(神奈川新聞)』과 재일조선인의 비합법조직이었던 조국방위위원회의 기관지 『새조선(新朝鮮)』를 읽고 비교 분석한 내용을 담고 있다.

『가나가와신문』이 반전·반미활동으로 다루고 보도하고 있는 것은 자금 캄파 활동, 집회, 데모행진, 선동 연설, 전단 벽보 등이 있는데 가장 많은 것은 전단 살포로 개전 후 반년 동안(1950년 7월부터 12월까지) 검거되었던 것이 17건이다. 이 중에 14건이 7월에 있었던 것으로 8월 이후는 격감했다.

이 당시 사용되었던 전단의 크기는 작은 것은 손바닥 크기의 소형(발견되지 않도록)에서 대형까지 다양했다. 전단을 뿌린 장소는 거리가 6건(역전, 마쓰리 날 시청 앞, 다리 위 등) 전차 안이 2건, 공장 안이 2건, 노동자 숙소가 1건, 공공 직업 안정소 앞이 2건, 대학 내 2건, 지방검찰청 앞 1건, 조선 생활협동 조합 내 1건이었다. 검거된 활동가의 주소는 가나가와현이 많고 일본인 9명, 조선인이 11명이지만 일본 이름을 사용하고 있는 사람도 있어서 조선인이 더 많을지도 모른다. 나이는 20대가 많은데 18세에서 56세까지 있

페이지
60-69

필자
히라바야시 히사에
(平林久枝, 미상)

키워드
가나가와신문,
새조선,
조선인의 반미·반전
활동,
전단 살포

해제자
김현아

다. 직업은 공원, 일용작업원, 학생, 실업자 등이다.

한국전쟁이 시작되고 2년째가 되는 1951년도의 전단 살포 기사는 9월까지 4건 뿐이다. 탄압으로 반전 활동이 어려워진 것도 있겠지만 기사게재 규제도 있었을 것이다. 전단 살포를 대신하여 많이 나온 것이 문서위반이라는 명목의 탄압이다. 『아카하타』 그 외의 무기한정간(無期限停刊) 지령(1950년 7월 19일) 이후 각지에서 다양한 형태의 신문·잡지·팸플릿이 발행되었는데 끊임없이 인쇄소에서 압수되었고 그것을 소지하고 있다가 검거되었다. 압수된 것에는 『평화신문』, 『노동자』, 『반전기(反戰기)』, 『국회정보』, 『독립의 불(独立の火)』, 『조선정보』 등이 있다.

『새조선(新朝鮮)』으로 보는 조선인·일본인의 반전 활동을 보면 기사의 내용은 1면이 한국전쟁의 정세와 공화국의 성명·보도 및 국제적인 뉴스 등이고 2면은 재일조선인의 활동과 생활상황을 싣고 있다. 『새조선』의 특징은 일본인과 연대하려고 하는 적극성과 두터운 우정이 전해진다. 그리고 무엇보다도 해방된 민족의 청춘 의기(意氣)와 조선민주주의인민공화국을 미국 제국주의 군대로부터 지키려는 필사적인 마음으로 가득하다. 그 점에서 『가나가와신문』 기사와 다른 점이 드러난다.

예를 들면 반미·반전의 전단 살포와 집회의 경우 『가나가와신문』은 검거되지 않으면 뉴스에 나오지 않는다. 그러나 『새조선』에는 전단 살포로 검거되었다는 기사는 없다. 전단을 뿌리고 서명활동을 하고 일본인과 집회를 가진 것이 뉴스이다. 또한 『가나가와신문』은 '민단과의 항쟁' 뉴스를 특별히 다루고 있지만 『새조선』은 민단과의 공동투쟁과 통일전선에 중점을 두고 있다.

두 신문 모두 반미·반전의 기사가 제1위이지만 『가나가와신문』의 경찰개입·검거 기사에 대해 『새조선』에는 검거되었다는 기사는 전혀 없다. 『가나가와신문』에서는 제2위가 '경찰 수사'로서 반전 활동가의 가택수사와 막걸리 밀조 등을 불법행위의 검거로 다루고 있는데 이러한 내용은 『새조선』에서는 생활 방위에 대한 불법개입의 뉴스로 취급하고 있다.

『민주조선』부터 『새로운 조선』까지

『民主朝鮮』から『新しい朝鮮』まで

페이지
105-115

필자
다카야나기 도시오
(高柳俊男, 1956~)

키워드
『민주조선』,
『조선평론』,
『새로운 조선』,
김달수, 박경식

해제자
전성곤

다카야나기 도시오는 도치기현(栃木県) 출신으로 호세이대학(法政大学) 국제문화학부 교수이다. 전공은 조선근현대사, 재일조선인사이다.1977년 조선에 관심을 갖는 시민들의 그룹으로 '종성의 모임(鐘声の会)'을 결성하여 활동했다. 이 글은 『민주조선』, 『조선평론』, 『새로운 조선』 세 잡지의 내용을 요약 발췌하는 형식으로 소개한 글이다.

8·15로부터 1955년까지 10년 간 운동가 입장에서 말하면 재일조선인 연맹(조련) 결성에서 재일조선인 통일민주전선(민선)을 거쳐 재일본조선인총연합회(총련)으로 노선 전환까지의 시기, 재일조선인은 이러한 운동을 통해 신문, 잡지에 등장했다. 이들은 당시의 조선인의 사고방식이나 생활상을 이해하는데 있어서, 그리고 일본인과 조선인의 관계가 어떠했는지를 검증하는데 있어 귀중한 자료가 될 것이다. 그런데 박경식편의 『조선문제 자료총서』 총10권과 보권(補巻)에 초록된 『해방신문』, 『신조선』을 제외하면 현재 볼 수 가없는 상태이다.

그런 상황에서 아직 비교적 볼 수 있는 기회가 있는 것으로 『민주조선』, 『조선평론』, 『새로운 조선』 세 잡지가 있다. 이 세 잡지는 편집자나 집필진의 인적 연결성에서도 일본어로 일본인을 독자로 상정하여 나온 잡지라는 점에서도 문예나 역사논문도 게재된 종합

잡지 지면이라는 점에서 공통의 성격을 지니고 있다.

전부 50권에 가까운 이들 잡지를 상세하게 분석할 준비를 하지 못한 상태에서 여기서는 대체적인 경향이나 주목할 만한 논문을 소개하는 것을 통해 현재적 문제 의식에서 재조명이 요구되는 이 시기의 시대상황을 부각시켜 보고자 한다.

먼저 『민주조선』이다. 1945년 패전 이후 몇 달 동안에 일본의 출판계는 엄청난 숫자의 잡지가 창간되고 복간되었다. 그들 대부분은 자신들의 손으로 신일본을 만든다고 하는 의욕이 넘치는 것들이었다. 『민주조선』도 이러한 잡지들에 섞여서 1946년 4월에 창간된다. 이후 조선전쟁 발발로 인해 1950년 7월호를 마지막으로 정간하지 않을 수 없게 될 때까지 4년여 동안 33호(병합호가 1번 있어서 32권)은 당시 조선관계 잡지로서는 이례적인 생명력을 가진 것이었다.

창간 전후 경위에 대해서는 잡지의 전체 기간을 통해 편집인을 맡은 김달수 씨의 회상에 자세하게 적고 있지만(김달수, 『김달수소설 전집』(5)의 「저자 후기」) 「창간사」에 대해서는 역시 언급해 두지 않으면 안 될 것 같다.

또한 같은 해 12월호(6호)의 「편집실로부터」에서도 '이 잡지가 발행된 이유와 목적은, 과거에 조선 및 조선인에 대해 그 인식을 잘못 갖게 된 일본인의 정상적인 것으로 하여 정당한 인식을 되찾는 것을 돕고, 양국의 도래할 장래의 올바른 관계에 도움이 되고 싶기때문'이라고 밝히고 있다. 요컨대 일본인의 잘못된 조선관을 고치고 새로운 조선 새로운 일본의 강하고 건강한 다리(15호)로서의 사명을 다하는 것이 본 잡지의 목적이었다. 이 과제는 현재도 이어지고 있으며, 이 『계간 삼천리』가 간행된 목적도 또한 그곳에 있는데, 해방에서 1년도 되지 않은 이 시기에 이러한 잡지가 생겨난 것은 역시 특필할 만한 것이었다. 창간호에는 신탁통치와 민족통일 전선, 재일본조선인 연맹에 대해 등등 당시 시대 상황을 느끼게 하는 것 뿐만 아니라 11개의 글을 게재하고 있는데, 그 대부분은 김달수 씨와 원용덕 씨가 본명 혹은 필명으로 집필한 것들이었다. (김달수, 전게 문장)

원용덕 씨에 대해서는 현재 별로 알려지지 않았는데, 릿교대학(立教大学) 경제학부를 1941년에 졸업(동급생에 한국에서 경제학자로 활약하고 있는 공승제 씨가 있다), 45년 10월 10일 출옥한 '해방전사'의 한 사람이었다. 『민주조선』 주간으로서 전체 기간을 통해 논문이나 번역을 정력적으로 발표했으며 조련의 문교부장을 맡기도 했다. (『해방1주년 사진첩』에 얼굴 사진이 있다)

이처럼 두 사람으로 출발한 『민주조선』이었지만, 그 후 잡지면에 등장하는 집필자는 실로 다채적이었으며 내용적으로도 종합잡지로서의 충실감과 신조선 건설을 위한 기운이 있었다. 다만 전체적으로 조금 딱딱한 문장이 눈에 뜨이지만, 그것은 조선에 관심을 가진 사람들 중에 특히 지식인을 대상으로 한 것이었기 때문이다. 집필자에 의해 분류해 보면 재일조선인에 의한 것, 일본인에 의한 것, 남조선(한국) 출판물 번역 등 세 가지로 분류된다.

일본인 집필자에 의한 것들은 내용적으로 보면 조선 혹은 조선인과 관련된 추억을 적은 것, 새로운 일본과 조선 관계에 대해 집필한 것, 일본 정치 상황을 비판적으로 분석한 것 등등이 주류를 이루고 있다. '일선동조론'의 주창자로서 현재 비판을 많이 받고 있는, 가나자와 쇼자부로(金沢庄三郎)도 등장하고 있는데, 그것은 이 시기에 전전의 조선연구를 대신하는 새로운 타잎의 연구를 전문으로 행한 일본인연구자가 아직 등장하지 않은 사정도 관계가 있을 것이다. 이 점이 중국연구와 조선연구의 커다란 갭이며, 중국연구소에 대응하는 일본의 조선연구소가 설립된 것은 1961년이 되어서야 이루어졌다.

『민주조선』은 꽤 방대한 것이었기 때문에 집필자를 중심으로 대체적인 것만을 보았고 개별적 내용으로 들어가 분석하지는 못했다.

다행히 『민주조선』에 대해서는 앞에 김달수 씨의 회상, 그리고 나가누마 세쓰오(長沼節夫)의 소개(『사상의 과학』1978년 11월호)도 있으니 이 둘을 참조하면 좋겠다. 그리고 민주조선사에서는 『민주조선』 발행 이외의 활동으로서 조선어잡지 『노선』을 간행했다는 광고를 본 적이 있다. 그러나 실물은 아직 확인하지 못했다.

역사학자인 박경식은 "1946년 경 부터 나오기 시작한 김달수 씨 편집의 월간지 『민주조선』을 열심히 읽었다. 그 중에서도 김대준 씨의 연재물인 「조선소설사」(번역)은 매우 흥미로웠으며, 공부가 많이 되었다. 김달수 씨의 연재 소설인 「현해탄」도 매우 재미있었다. 민주조선사에서는 대학, 전문학교 졸업생들을 위한 축하 모임도 개최해 주었으며, 나도 그것에 참석하여 기뻤다고 일기에 적기도 했다"며 회상하고 있다. 일본인의 조선인식의 뒤틀림을 고치는 것과 동시에 젊은 동포를 착실하게 육성해 왔던 것이다.

나카소네 차별발언과 다민족사회

中曾根差別発言と多民族社会

페이지
147-153

필자
오카베 가즈아키
(岡部一明, 1950~)

키워드
나카소네(中曾根) 수상, 단일민족국가, 인종차별, 미국, 닛케이(日系人), 복합민족사회

해제자
임성숙

오카베 가즈아키는 「지문날인거부자의 해외추방을 용서하지 않는 국제감시위원회(諮問押捺拒否者の国外追放を許さない国際監視委員会)」 위원이다. 미국 캘리포니아대학교(버클리) 자연자원보호전과를 졸업하고 일본과 미국에서 저널리스트로서 활동하면서, 환경문제, 시민 운동에 참여해왔다. 아이치도호대학(愛知東邦大学)경영학부 지역비지니스학과 교수를 역임했으며 퇴직 후에도 미디어를 통해 세계 각지의 사회문제를 알리고 있다. 주로 시민사회 거버넌스를 연구하고 미국의 인종문제에 관한 저서를 집필했다. 주요 저서에는 『다민족사회의 도래(多民族社会の到来)』(1990), 『닛케이 미국인(日系アメリカ人)』(1991), 『시민단체로서의 지자체(市民団体としての自治体)』(2009) 등이 있다. 이 글에서 필자는 나카소네(中曾根) 수상이 미국사회에 대하여 말했던 인종주의적 발언과 그에 대한 미국사회(정치인, 시민사회, 소수민족)의 반응에 대하여 썼다. 또한 필자는 그 발언의 본질에 대하여 지적하고 일본의 '단일민족신화'의 허구성을 지적한다.

전형적인 인종차별발언

흑인이나 히스패닉(라틴아메리카계 미국인)을 차별한 나카소네 발언(中曾根発言)에 미국 내에서 반발이 일어나고 나카소네(中曾

根) 수상은 9월 27일 이례적인 사죄성명을 발표했다. 이런 상황에 이르기까지의 일련의 경과는, 당연한 일이지만, 이 국가의 위정자들의 민족과 차별문제에 대한 둔감함과 몰이해를 국제적으로 나타내는 결과가 되었다. 나카소네 수상은 사죄 속에서 인종차별을 '조금도 의도하지 않았다'고 말했다. 어떻게 그런 말을 할 수 있는가. 그의 문제가 된 발언은 '미국에는 흑인이나 푸에르토리코, 멕시칸 등 이 있고, 평균적으로 보면 (지식수준은) 여전히 낮다'라는 말이다. 이것은 인종차별 발언의 전형이라고 할 수 있으며 교과서에 싣고 싶을 정도이다.

나카소네 발언은 9월 22일 저녁 시즈오카현(静岡県) 간나미마치(函南町)에서 있었던 자민당 전국연구모임의 강연에서 나왔다. '내부의 아는 사람들만'이라는 편한함도 있어 나카소네 수상의 입에서는 연이어 본심이 나왔다. EC 등은 '20개국의 국가가 모여 하나의 단위를 구성'하는 것에 반에 '아시아에서는 일본 한 국가만이 이것을 지탱하는 기둥이 되고 있다'고 큰소리를 쳤다. 또한 사회당을 비판하면서 자위대위헌 합법론이 '샴쌍둥이(Siamese twins) 같은 논의다'고 했다. '일본은 이렇게 고학력사회가 되었고 상당히 인텔리전스한 소사이어티가 되고 있'는 반면 전술한 바와 같이 '미국에는 흑인이나 푸에르토리코, 멕시칸 등 이 있고, 평균적으로 보면 여전히 낮다.' 일본에서는 도쿠가와 시대에도 식자률이 50% 정도 있었지만 '미국에서는 지금도 흑인 중 문자를 읽지 못하는 사람들이 많이 있다.' 게다가 여성에 대해서는 '총리에게 질문한다'는 티비 프로그램에서 여성들은 내용을 듣지 않고 넥타이 색깔만 본다고 말했다.

미디어의 타락

나카소네 발언이 있었던 22일 다음 날에 이를 보도한 신문사는 『아카하타(赤旗)』와 『도쿄신문(東京新聞)』 등이었다. 그것은 큰 기사가 아니었고, 『도쿄신문』의 경우 '수상, 잇따른 "탈선"발언'이라는 가벼운 느낌의 보도였다. 차별발언은 그의 여러 언설의 일부로 소개되었을 뿐이었다. 텔레비 전 뉴스에서는 문제발언에 대한 보도는 일체 없었다. 그러나 미국의 보도기관은 이 작은 기사를 놓치지 않았다. 23일 아침(현지시간), 뉴스전문인 CNN, CBS, ABC와 같은 미국 텔레비전 네트워크가 대대적으로 이를 보도했다. 나카소네 수상의 얼굴이 텔레비전에 전면적으로 크게 등장했다. 미국 전역의 일본대사관·영사관에 항의전화가 걸려왔고 흑인·히스패닉 의원연맹은 항의성명과 전보를 발신하여 신속하게 움직였다.

일본 미디어도 보도를 시작했지만, 차별자체를 분한 감정으로 문제시한다기보다는 미국에서 논란이 되었다는 '의외성'를 중점적으로 보도했다. 그것도 신문 1면에는 거의 게재되지 않고 일과성의 문제일 것이라는 판단으로 다루었던 느낌이 든다. 일본 언론이 이 문제를 톱뉴스로서 겨우 대대적으로 보도하기 시작한 것은 수상이 사죄성명을 냈던 27일이었다. 나는 이 사실로부터 일본 언론의 한없는 타락을 본다. 차별에 대하여 전혀 감수성이 없는 것은 일본국민 전체에 만연하고 있으며 신문기자들도 예외가 아니었다.

국가를 모욕하지 않았다

이번 나카소네 발언에 대하여 많은 일본인은 '타국을 가볍게 모욕한 책임 운운'하는 비판을 했다. 양심적인 입장에서 나온 언행이었겠지만 나는 불만스럽다. 나카소네 발언은 미국이라는 '국가'를 모욕하지는 않았다. 특정 민족이나 인종, 특히 마이너리티라고 불리는 사람들을 적나라하게 모욕했던 점에서 용서할 수 없다. 나카소네 수상의 '해명'을 쉽게 '이해'해버린 미국정부에 사죄할 필요는 없다. 미국정부는 나카소네 발언과 같은 적나라한 차별의 공적 공간에서 할 수 없게 규제하지만, 본질적으로는 나카소네 수상과 같은 인종차별적 편견을 가지고 있다. 진정하게 사과해야할 상대는 거명된 흑인이나 멕시코인, 푸에르토리코인들이며, 인종차별이라는 인도적으로 절대 용서할 수 없는 편견을 가지고 있는 점 자체가 비판되어야 한다.

일본의 피차별자에 대한 모독

나카소네 수상은 일본국내 차별에 대하여 너무도 자각이 없으며 그런 의식을 일상적으로 전제로 하고 있기 때문에 저런 말을 아무렇지도 않게 말할 수 있다. 그렇다고는 하나 재일조선인이나 피차별 부락민에 대해서는 적나라한 말은 할 수 없게 되었다. 그러나 자신의 주변에서 압력으로 느끼는 운동이 존재하지 않는 경우

이번처럼 본심이 직접적으로 입에서 나온다. 따라서 이번 나카소네 발언은 무엇보다도 일본의 피차별자들에 대한 모독이다. 우리가 만약 '나카소네가 다시 말도 안 되는 소리를 하고 비판을 받아 잘됐다'정도로 생각한다면, 다음에는 우리의 인식이 문제시될 것이다. 우리는 나카소네 발언과 같은 차별언행을 아무렇지도 않게 두는 풍토를 이 사회 내부 속에서 허용하고 있으며 이를 극복하지 못하고 있다. 이에 대해 우리 일본인은 (그 운동을 포함하고) 국제적 책임을 다할 입장에 있다.

닛케이진(日系人)으로부터의 비판

이번 나카소네 발언에서 가장 직접적인 타격을 받은 자는 미국의 닛케이진(日系人)들이다. 이미 무역마찰 등을 통해 그들에 대한 공격은 강화되었다. 거기에 일본의 수상이, 그 야만적이라고 할 수 있는 인종차별을 한 것이다. 흑인이나 히스패닉계 사람들과의 관계는 최악이다. 나카소네 발언에 대하여 닛케이 사람들은 기민한 항의행동을 취하고 있다. 하원의 노먼 미네타, 로버트 마쓰이 일본계 의원은 흑인·히스패닉계 의원들과 나카소네 비판의

선봉에 섰다. 닛케이 최대 조직인 '일계미국인시민연합(Japanese American Citizens League)'의 이사인 론·와카바야시 씨도 나카소네 발언은 '일본인에게 불명예를 가져다주고 닛케이 미국인으로서 이러한 언명을 거부한다'는 입장을 표명했다. 재일 일본인은 종종 닛케이진들이 단순히 그들에게 박해가 가해지는 것을 피하기 위해 일본을 비판한다고 보지만, 그렇지 않다. 그들은 미국에서 경험하는 차별에 분노를 느끼고 항의하는 과정에서, 선조의 국가인 일본이 그것을 넘는 민족차별을 태연히 하는 모습에 마주치게 된다. 이 때 그들의 속이 끓은 분노를 이해하지 못한다면 일본인은 닛케이진에 대하여 논하지 말아야 한다. 그들이 받는 인종적 박해에 우리 재일 일본인은 책임을 져야 하며, 그들의 비판을 미국사회의 소수민족의 목소리로서 듣는 귀를 가져야 한다.

단일민족국가 신앙

전술한 바와 같이 이번 나카소네 발언은 '복합민족국가는 문제가 많다'라는 일반적인 사실을 말한 것은 아니다. 직접적으로 흑인이나 히스패닉을 지명하고 모욕했다. 복합민족국가 운운의 이야기는 25일 국회에서 답변할 때 그의 변명에서 처음으로 나왔다. 사회당의 질문에 답하면서 나카소네 수상은 '다인종의 복합국가는 강점이 있지만 교육 등에서는 꼭 배려하지 못하는 부분이 있다. 일본은 단일민족이기 때문에 비교적 배려가 되는 측면이 있다'는 말을 했다고 변명했다. 그렇게 말하면 상식적으로 통한다고 생각했는가. 어처구니가 없다. 해외 언론이 비판했던 것은 말할 필요 없이, 현재 일본은 복수민족이 사는 사실을 무시하고 단일민족이 좋다는 일본인의 '상식'은 이민족에 대한 견고한 폐쇄성으로서만 작용한다.

일본인은 '복합민족국가'에 대해서 마이너스의 이미지만을 가지고 있다. 인도나 스리랑카의 인종대립, 남아프리카의 '인종폭동,'

미국의 인종차별 — 이를 옆에서 보면서 '일본은 단일민족이라서 잘됐다'고 속으로 흐뭇해하는 것이 평균적 일본인이다. 이미 복수의 민족이 살고 앞으로 더 복합화를 강화하는 다민족국가 · 일본에서 그 다수를 차지하는 일본인은 완고하게 단일민족신앙을 가지고 있다. 이것은 사회내부의 타민족에 대한 압력인 뿐만 아니라 '국제화'속에서 살아갈 수밖에 없는 일본인들에게도 큰 마이너스가 된다. 국가의 안과 밖에서 우리가 많은 민족과 공생 · 공존하는데 있어 일본인의 타민족 멸시나 단일민족주의는 장애일 수밖에 없다. 이번 나카소네 차별발언사건은 우리에게 이를 충분히 가르쳐주었다.

'후지오 발언藤尾発言'을 생각하다

「藤尾発言」を考える

페이지
170-179

필자
강재언
(姜在彦, 1926-2017)

키워드
후지오 마사유키
(藤尾正行),
'후지오 발언(藤尾発言),'
문부성 장관(文部相),
나카소네(中曾根) 수상,
아시안게임,
한일병합(日韓併合),
침략 부정

해제자
임성숙

강재언은 조선근대사, 사상사를 연구하는 재일조선인 역사가이다. 1926년 제주도에서 태어나 1950년 일본으로 건너갔다. 1975년부터 1987년까지 『계간 삼천리』의 편집위원을 역임하고 1981년 교토대학(京都大学)에서 역사학으로 박사학위를 받은 후 교토 하나조노대학(花園大学) 교수로 재직했다. 1993년에는 〈해외동포상〉을 수상했다. 대표적인 저서는 다음과 같다. 『조선근대사연구(朝鮮近代史研究)』(1980), 『조선의 개화사상(朝鮮の開化思想)』(1986), 『근대조선의 사상(近代朝鮮の思想)』(1984), 『조선근대사(朝鮮近代史)』(1996) 등이다. 이 글에서 필자는 후지오 마사유키(藤尾正行) 문부성 대신(大臣)의 발언의 문제점과 일본정치인 및 일본사회의 역사인식을 비판하고, 역사적 사실을 논증한다.

9월의 서울 시내 모습은 초가을의 산뜻한 바람이 불어, 8월 20일에 열리는 아시안게임을 위해 방한하는 외국 손님을 맞이하기 위해 화려하게 장식되며 아름답게 꾸며졌다. 아시안게임 반대를 외치는 대학은 휴교조치를 취했다. 9월 18일 추석을 앞두고 백화점은 귀향하는 손님들로 붐볐다. 이러한 시내 모습을 진흙 묻은 구두로 짓밟듯이 『문예춘추(文芸春秋)』(10월호)에 게재될 예정인 후지오(藤尾) 문부성 대신[大臣] 의 발언을 9월 6일 텔레비전이나 각 신문이 보고하고 시내는 분노의 장이 되었다. 사태의 형편에 따라서는, 아시안게임 반대를 외치는 학생들의 데모가 반일(감정)과 결합하여, 9월 20일 개회식에 참가예정인 나카소네(中曾根) 수상의 방한은 물론, 일본 선주단의 대회참가조차도 우려되었다. 나는 솔직히 (서울에서 오사카로 가는) 기내에서 후지오 파면의 뉴스를 보면서 안심했다.

자연스럽게 한국의 지식인들과의 대화 속에서도 후지오 발언의 문제는 자주 화제가 되었다. 나는 1982년 7월 교과서문제 때도 서울에 있었는데, 당시 분위기와 달리 한국의 지식인들은 체념한 듯한 말투였다. "일본인의 한국관이란 그 선천적(生来的)인 것과 같고, 민족성이라도 변하지 않은 한 절망적이지 않는가." "한일 신시대니 뭐니 하지만 과연 그들은 마음을 놓고 관계를 맺는 이웃사람으로 봐도 되는 건가." 재일조선인인 나는 아무래도 일본 내부에서 바라보는 일본인의 한국관에 대하여 말해야 하는 입장이 된다. 마치 진정한 지일파(知日派)인 것처럼 다음과 같이 답했다. "물론 지금 자민당은 7월 선거에서 압승하고 거만해졌다. 그러나 자민당 안에 여러 가지 다른 견해를 가진 사람들도 많고, 후지오 발언 내용에서 엿보이는 우쭐해진 태도에 대한 상당히 광범위한 비판세력도 있다. 일본인을 일면적으로 보는 것은 올바르지 않다고 생각한다. 전후 일본에서는 그 의식이 변하지 않는 부분, 혹은 전후 민주화를 역행시키려고 하는 부분도 있다. 그러나 변화한 부분도 시야에 넣고 전체적으로 볼 필요가 있지 않을까." 나는 궁지에 몰려 이야기의 흐름상 일본인의 입장에 대하여 어렵게 변명해야할 입장이 되었다.

9월 초 각 신문이 다루었던 『문예춘추(文芸春愁)』(10월호) 지면의 문부성 대신(大臣) 후지오 마사유키(藤尾正行) 발언의 문제는 9월 8일 밤, 대신의 파면과 고토다(後藤田) 장관(長官)의 담화발표로 일단은 정치적으로 끝이 났다. 말할 필요도 없이, 나카소네 수상에게 있어 9월 10일 예정된 한일외교장관 정기협의, 그리고

9월 20일 예정된 아시안게임 개회식 참가를 원만하게 진행하기 위한 정치적 결단이었다. 자민당 내 강경파 의원들의 모임인 「국가기본문제동지회(国家基本問題同志会)」가 외국 압력에 의한 문부성 대신의 파면은 주권포기라고 반대했을 뿐만 아니라, 각료(閣僚) 중에서도 일부는 공공연하게 그 발언의 평가를 서슴지 않다. 심지어는 민사당(民社党)의 쓰카모토(塚本) 위원장조차도 9월 10일 NHK 프로그램인 「당대표 인터뷰」에서 다음과 같이 말했다. "대신의 입장에서 근린국가(近隣国家)와의 선린 우호관계를 중요시해야 할 시기에 배려가 부족했다. 파면할 수밖에 없었다." 그러나 동시에 "나카소네 수상이 말하는 전후정치의 총결산 중에는 (후지오 발언과 같은) 그런 것이 있었다. 그러나 후지오카 전 대신은 당당하고 용기 있는 발언을 했다. 정치가로서는 하나의 삶의 방식(生き方)이라고 생각한다"(『아사히신문(朝日新聞)』 9월 12일자)고 대단히 높이 평가하고 있다. 이러한 발상, 즉 '대신'으로서는 부적절했지만 '정치가'로서는 용기 있는 발언이었다는 발상은, 일본국내에서는 의외로 광범위한 국민적 컨센서스를 얻은 것처럼 보인다. 아마 그의 발언에서 보이는 사상은 온존되어 정치가로서의 후지오의 지위는 더 안정적으로 되며, '신념의 사람'으로서 영웅시될 것이다. 그러나 자민당 내각 문부성 대신인 사람을 '대신'과 '정치가'로 구분하는, 이러한 세밀한 표현방식을 외국인은 이해하기 어렵지 않을까.

그런데 후지오 파면으로 인해 한국과의 외교일정을 해낸 나카소네 수상이 미국의 '지적 수준'발언으로 문제가 되었다. 9월 한 달 동안에 그것도 일본과 가장 관계가 깊어야 할 미국, 중국, 한국에서 반발이 일으키게 한 이 두 가지 발언은 과연 우연의 일치인가. 'Japan as Number One'증후군 속의 자신과잉, 7월 선거의 자민당 압승, 이것이 상징되는 일본국내 총체적 보수화의 물결 속에서 이 두 가지 발언은 같은 뿌리를 두고 있다고 하도 과언이 아니다. 내 발언에 한국 친구들이 반론했을 때 일본국내 비판세력에 의한 자정작용(自浄作用)에 대하여 확신을 가지고 대답하지 못했던 이유도 바로 이러한 풍조를 알고 있었기 때문이다.

(후지오 발언에서) 첫째 지적하고 싶은 점은, 일본이 나가지 않으면 조선은 청나라나 러시아의 '속령(属領)'이 되어 일본의 안전을 위협했을 것이라는 조선침략을 정당화하는 논법이다. 말할 필요도 없이 당시 조선은 명백한 주권국이었고 일본한테는 외국이었다. 조선이 청나라나 러시아의 '속령'이 되든 말든 그것은 조선이 결정하는 일이다. 지금도 주변의 약하고 작은 나라에 대한 강대한 내정간섭이나 무력개입의 구실은 똑 같은 논법이며, 침략은 어디까지나 침략으로서 비판받아야 한다.

다음으로 지적해야 할 점은 9월 6일 각 신문이 문제시 한 것처럼, '한일병합, 한국도 책임이 있다'는 부분이다. 후지오 발언에서 1905년 11월 '보호조약'을 둘러싼 고종과 이토(伊藤)의 관계를 착각하고 있음은 틀림없다. 그러나 그의 애매모호한 역사지식은 이에 그치지 않고, 이 조약이 고종과 이토 사이의 '담판 합의(談判合意)'에 의해 성립했다는 부분에서도 본색을 드러내고 있다.

우리 조선인이 지금도 억울할 정도로 반성을 강요당할 일이 있다면, 그것은 방약무인(傍若無人)한 침략을 당하도 청일, 러일 전쟁에 승리한 일본군대 대항하고 이겨낼 정도의 군사력을 가지고 있지 않았던 점이다. 왜 그렇게 되었는가. 그것은 심각한 역사의 교훈으로서 반성해야한다. 그렇다고 일본의 침략행위를 정당화하는 이유로는 되지 않는다. 각 국가가 군사력과 국토의 크기와 무관하게 국제사회에서 생존하고 스스로의 운명을 결정하는 민족자결 권리가 있기 때문이다. 만약 군사적 강대국이 인근 약소국으로의 침략행위를, 침략당한 측에도 책임이 있다는 논법으로 정당화한다면, 일본은 강대국의 모든 침략행위를 비판할 자격을 포기해야 한다. 적어도 역사교육에서 양육강식의 시대였기 때문에 침략도 정당하다고 가르칠 수는 없을 것이다.

개인이든 국가든 타인 혹은 타국에 비치는 자신의 모습을 보고 자제할 일이 없으면, 유아독존의 길로 치닫게 된다. '빛나는 메이지 선도자(先達)의 역사'도 인근 국가에는 어떻게 비치는지를 생각하고, 옳음을 잡고 그름을 지양할 것이야 말로 역사에 대한 경건이며 올바른 자세가 아닌가.

온돌방

おんどるばん

중국을 여행하고 도쿄도(東京都) 스기나미구(杉並区)·모리야마 마키코(森山真樹子)·통역사·42세

작년, 중국 랴오닝성(遼寧省)에 있는 안산시(鞍山市)에 갔다. 긴장이 지속되는 업무를 마무리한 후 어느 날, 시내 동남쪽으로 약 2킬로미터 떨어진 곳에 있는 첸산(千山)이라는 경승지(景勝地)에서 놀았다. '강철의 도시(鋼都)' 안산시의 이름대로 중앙에서 연기를 뭉게뭉게 날리는 큰 공장이 있는 철의 마을로부터 신록이 우거진 교외로 유람하니 일행의 표정도 밝았다. 산은 해발 70미터, 기암(奇岩)과 절벽이 있어 다양한 변화를 구경할 수 있는 경승지(景勝地)이기 때문에 좁은 산길에는 행렬이 생길 정도였다. 나도 일행과 함께 등산하기 시작했다. 주변은 익숙한 중국어 회화로 넘친다. 그 때 문뜩 뒤에서 아주 작은, 다른 목소리 톤의 언어가 들렸는데, 확실히 '이루본사라무'(일본인)라고 들렸다. 천천히 뒤돌아보니 복장은 중국인과 같지만 새하얗고 갑이 얕은 조선구두를 신은 할머니들이 온화하게 웃으면서 올라왔다. 여기가 조선의 신의주에서 가깝고 많은 조선족이 사는 땅이었다는 생각이 났다. "어디서 왔습니까?"라고 말을 걸었더니 부근에 있는 조선족 촌에서부터 왔다고 한다. 산을 오르면서 짧게 대화하는 동안 이야기하고 싶은 말들이 가슴에 북받쳐 올랐지만, 그런 이야기를 할 수 있는 장소가 아니었다. "그럼 산꼭대기에서" 라고 가볍게 헤어졌다. 과거 역사

페이지
254-256
필자
독자
키워드
중국,
가지무라 히데키
(梶村秀樹),
'복고조 일본사
(復古調日本史),'
조선인 군인,
중국 조선족, 멕시코,
재일 정체성
해제자
임성숙

의 가혹함은 언제든지 그리고 어디서든지 간에 우리에게 물음을 던진다. 중국 동북지방에서는 50세 이상의 많은 사람들이 지금까지도 어느 정도 일본말을 할 수 있다. 그러나 그들은 의도적으로 말하려고 하지 않는다. 청년들이 치열하게 배우려고 하는 일본어도 연배가 많은 사람들에게는 고통스러운 과거의 응어리처럼 남아 있다. 몇 마디의 조선어밖에 알지 못하는 내가 아까 들었던 '일본사람'라는 한 마디에 발이 멈춘 것도, 그 언어가 가지는 깊은 과거에 충격을 받았기 때문일지도 모른다.

가지무라(梶村) 논문에 관한 생각 니이가타시(新潟市) 신홋타시(新発田市)·사토 시로(佐藤司郎)·무직·68세

본 잡지 제47호의 가지무라 히데키(梶村秀樹) 씨의 논문 『'구 조선통치'는 무엇이었는가('旧朝鮮統治'は何だったのか)』를 읽었다. 그 속에서 아사히신문(朝日新聞) 오사카본사판에 실린 '구 조선통치(旧朝鮮統治)'를 둘러싼 독자들의 논쟁에 대하여 코멘트하셨는데, 그것은 나한테도 중요한 기사였다. 결론부터 말하자면, 가지무라 씨의 코멘트에 전적으로 찬성한다. 나는 조선에서 태어나고 패전까지 28년 거기서 살았다. 소학교는 조선인이 다니는 보통학교를 6년 다녔다. 스즈키(鈴木) 씨 등의 투고 글을 읽고 재조일본인의 대부분은 같은 생각을 하고 있을 것이라고 생각했다. 유감스러운 일이다. 나는 8년간 교사로 있었는데 일본내지에서 온 일본인 교사들의 조선을 바라보는 방식, 생각하는 방식도 스즈키 씨와 같았다. 내가 일본의 조선통치에 의문을 가지게 된 것은 구약성성의 예언자(이사야·예레미야)의 부분을 읽었던 이후로부터였다. 나는 그 생각이 나서 김교신(金教臣)의 문장을 일본어로 번역하기 시작했다. 내 주변에 있는 일본의 젊은 세대가 읽어주면 좋겠다고 바라기 때문이다.

문제시 되는 것 도쿄도(東京都) 하치오지시(八王子市)·나카무라 마모루(中村 守)·교사·42세

본 잡지 제47호 마부치 사다토시(馬淵貞利) 씨의 「이른바 '복고조 교과서'와 조선의 총독정치(いわゆる'復古調教科書'と朝鮮の総督政治)」를 흥미롭게 읽었다. 특히 검정제도자체의 폐지도 필요하지만 그 후 남겨질 문제 즉 국가가 공인하는 역사해석, 국가 지배이데올로기와 국민의 역사의식의 관계를 논한 부분이다. 그 점이 바로 교과서문제의 요점이 아닐까. 그런데, 1986년 여름 일본의 상황은 마부치 씨가 말한 '국민의 역사의식을 국가 지배이데올로기 속에 거두어들이기 위해' 검정제도가 기능하는 단계는 아닌 것 같다. 이미 '국민의 역사의식'은 '국가의 지배이데올로기' 속에 거두어들어진 건 아닌가. 그 증거는 중참 동일선거(衆参同日選挙)의 명확한 결과가 그렇다. 교과서문제는 쟁점이 되지 않았고, 그리고 자민당이 압승했다. 이례적으로 수정이 있었으나 '복고조 교과서'는 검정에 합격하고 채택의 대상이 되었다. 일본인으로부터 항의의 목소리는 전혀 들리지 않았다. 이러한 상황으로부터 아시아 사람들의 비판과 항의의 목소리는, 검정관, 문부성, 정부, 출판사라기보다 오히려 이러한 상황을 만들어낸 '일본인 한 명 한 명의 자세'를 향하고 있지 않을까. 1982년 교과서문제 때 아시아 사람들로부터의 비판을 과연 일본인이 진지하게 받아들이고 주체적으로 대응해왔는가라는 문제이기도 하다. 지금 우리가 할 수 있는 일은 한 명 한 명이 조선이나 중국·아시아를 시야에 넣는 부단한 노력밖에 없다.

'복고조 일본사(復古調日本史)'에 메스를 가마쿠라시(鎌倉市)·요시다 유지(吉田友二)·고교 교사·33세

황국사관이 넘치는 '복고조 일본사(復古調日本史)'를 귀 잡지가 어떻게 문제시할지 기대했는데, 식민지시대에 초점을 맞춘 제47

호를 흥미롭게 읽었다. 특히 자료 「고교일본사교과서의 '식민지'기술(高校日本教科書の'植民地'記述)」은 중요하다. 내가 일하는 학교에서는 짓쿄출판사(実教出版社)의 『고교 일본사(高校日本史)』를 사용하는데, 수업에서 귀 잡지의 자료를 사용해보려고 한다. 야마카와출판사(山川出版社) 『상설 일본사(詳説日本史)』에 가깝다고 비교할 수 있을 것이다. 고교생이 이것을 어떻게 읽을지 생각하면 기대된다. 우리 교사들도 현장에서 여러 검토를 하고 있지만 귀 잡지가 고대사에 대해서도 '복고조 일본사'에 날카로운 메스를 가할 것을 기대한다.

조선인 전사자에 대하여 오오이타시(大分市)· 사토 노부노리(佐藤喜徳)·무직·67세

나는 전쟁 때 필리핀 루손(Luzon)전선에 참가했는데, 중대 인원 180명 속에 조선출신자가 22명 있었다. 그 중 17명은 전사하고, 전체적으로 보면 생존자(生還者)는 16명에 지나지 않았다. 전후 40년에 걸쳐 일본국내 유족들은 찾았지만, 조선반도 유족에게는 전사의 사실조차 알리지 않았다. 나는 전투의 상세한 사실을 미·일 전사실의 자료를 통해 조사하고 한 권의 책으로 엮었다. 만약 조선출신자가 전쟁에서 어떻게 싸웠는지, 싸워야 했었는지를 알고 싶은 분들은 나한테 연락하여 주시기 바란다 (오오이타시 가미무나카타/ 大分市上宗方 486-21, 정가 1,980엔). 또한 병단은 제19사단 '호랑이(虎)'보병이었다. 올해 5월 한 명의 조선출신 전사자의 유족과 연락이 되었기 때문에 굳은 의지를 다졌다. 또한 나는 과거 작가·고바야시 마사루(小林 勝) 군을 담임했던 교사이다.

'규슈길(九州路)을 가다'를 읽고 도치기현(栃木県) 오야마시(小山市)·아쿠이 다케지로(安久井竹次郎)·76세

『계간 삼천리』제47호 속의 고대유적기행 「규슈길을 가다(1)

(九州路を行く)」를 읽고 나서 약 10년 전 교토의 조선문화사가 개최한 유적순회를 상기했다. 그것은 이른 봄의 아스카(明日香)였다. 아스카데라(飛鳥寺) 절에서 김달수(金達寿)·이진희(李進熙) 씨가 '망향의 노래(望郷の歌)'를 합창했다. 그 멜로디에는 추위로 한 잔 마시고 취했던 것 외 무언가가 있었다. 조선문화사의 유적순회에 여러 번 참가하고 촉발되어 자신의 향토 (도치기현 오야마시/栃木県 小山市) 속의 조선고대문화에 관심을 쏟고 있다.

멕시코에서 할 수 있는 일 멕시코 거주·이정은(李定恩)·주부·29세

몇 달 늦게 입수할 수 있는 『계간 삼천리』를 매 호 흥미롭게 읽고 있다. 본 잡지는 가사노동과 육아로 지새울 나날을 가다듬어 주고 새로운 지식과 놀라움을 준다. 외국에서 살다보면 사람들은 자주 '일본인, 혹은 중국인인가'라고 묻는다. "일본에서 태어난 조선인입니다"고 답하면, "일본에서 태어났다면 일본이 아닌가,""아니, 나는 재일조선인입니다"고 전형적인 문답이 이어진다. '조선인' 혹은 '일본인'이라고 답하면 쉽지만 나는 상대가 이해할 때까지 설명한다. 그렇게 함으로써 항상 내 자신이 놓인 입장을 다시 생각할 수 있기 때문이다. 세계 소수민족 중 재일조선인이라는 입장은 아주 특이하다. 이것을 한 명이라도 많은 사람들이 이해할 수 있도록 귀찮게 생각하지 않고 말로 설명하는 일이, 재일에 머물고 동포의 권익문제에 참여할 수 없는 저로서 할 수 있는 일이라고 생각하기 때문이다.

긍지를 가지고 살기 위하여 아이치현(愛知県) 아마군(海部郡)·김영자(金英子)·주부·42세

나는 한국국적을 가진 2세지만 일본인 여성을 통해 귀 잡지를 알게 되었다. 그녀는 한 외국어대학교에서 복수과목으로 조선어를

선택하고, 우리 재일조선인에 대하여 깊이 이해하려고 한다. 그녀의 덕분에 다시 한 번 조국의 역사를 배우고 진정한 모습을 알려고 했다. 이제까지 김달수 씨의 소설이나 역사에 관한 서적은 읽었지만, 재일인 내가 어떻게 이국에서 생활하게 되고, 어떤 활동을 하고 있는지에 대해서는 전혀 알지 못했다. 앞으로 재일의 한 여성으로서 선조들이 어떤 역사와 문화를 키우고, 또한 부모들이 왜 일본으로 건너왔는지를 공부할 예정이다. 이것을 모르면 긍지를 가지고 살아갈 수 없기 때문이다. 또한 앞으로 3, 4세들을 위해서도 제대로 된 지식이 필요하다.

편집을 마치고

編集を終えて

후지오 문부성 장관(藤尾文相)의 발언과 이에 이어 등장한 나카소네(中曾根) 수상의 '지식수준(知識水準)'발언이 국제적으로 문제가 되어 격렬한 비판을 받고 있다. 신문보도에 의하면 후지오 씨는 11월 3일부터 13회에 걸친 강연을 일본전국에서 개최한다. 후지오 발언은 본 호에서 강재언 씨가 지적하듯, 문제는 역사상의 사실까지 왜곡하고 주변국(近隣諸国)의 신경을 건드려 화나게 하는 발언을 하더라도 정치가로서의 생명을 잃지 않기는커녕 오히려 그의 '용기'를 찬양하는 풍조가 아닌가.

이러한 풍조와 관련한 일인데, 어느 대학교에서 지난 4월 수강생을 대상으로 한 설문조사에 의하면, 일본이 조선을 식민지 지배한 사실을 알고 있는 사람은 10%에 지나지 않았고, 식민지 지배가 1910년에 시작한 사실을 아는 사람은 몇 명밖에 되지 않았다. 또한 재일조선인이 많은 이유와 관련하여, 단지 '가깝기 때문'이라고 답한 사람이 대다수였다.

후지오카 발언이 있었을 때 어느 일본친구는, 일본은 기술과 경제로서는 선진국이 되었지만 사상과 교육 분야에서는 변하지 않았다고 한탄했다. '국제화 시대에 살기' 위해서도 전쟁 전 일본과 주변국과의 관계를 있는 그대로 인식하는 것이 중요하다. 전쟁 전 군국주의로 인해 깊은 상처를 입은 아시아 국가들이 지금 바라는 것은 일본과의 우호관계의 유지이며 결코 싸움이 아니다.

페이지
256

필자
이진희
(李進熙, 1929~2012)

키워드
후지오 발언(藤尾発言), 나카소네(中曾根) 수상, 식민지 인식, '국제화,' 아시아

해제자
임성숙

1987년 봄(2월) 49호

가교

조선엿

[架橋]] 조선엿

페이지
14-17
필자
다카사키 류지
(高崎隆治, 미상)
키워드
호적등본, 관동대지진, 바라크 건물, 도래인
해제자
서정완

다카사키 류지는 '전쟁 연구가'라고 할 수 있다. 가나가와현(神奈川県) 요코하마시(横浜市)에서 태어났고, 호세이(法政)대학에서 문학부 국문과를 졸업했다. 대학 재학 중에 학도병으로 소집되어 출정했었다. 전후에는 주로 전시기의 잡지 저널리즘 및 전쟁 문학을 테마로 글을 집필해 왔다. 인문과학연구협회 연구 장려상(奨励賞)을 수상했고, 제14회 요코하마(横浜)문학상을 수상했다. 이 글은 다카사키 류지 자신이 어릴 적에 재일조선인들을 만났던 것에 대해 적고 있다.

호적 등본에 나는 아버지의 생각에서 태어난 것으로 되어 있다. 그런데 호적등본처럼 허술한 것이 없다고 생각한다. 아내는 3녀인데 차녀로 되어 있고, 내 딸은 언제부터인지 내 아버지의 아들, 즉 나의 여동생이 되어 있는 것을 알고 아연질색했다.

나는 요코하마 역 뒤의 긴코바시(金港橋)라는 이름의 다리 밑에서 태어났다. 번지수는 있는지 없는지도 모른다. 그곳은 요코하마(横浜)역 구내(構內)인데, 이전에는 관사가 있었던 듯한데, 성인이 되었을 때는 내가 사는 한 채만 남아있었고 다른 것은 모두 헐렸다. 나중에 안 일인데, 사철(私鐵)의 쇼난(湘南)전차 - 현재의 게이힌(京浜) 급행선이 요코하마에서 시나가와(品川)까지 연장되어 있어서 국철은 그 해안쪽 용지를 게이힌 급행에 매각했기 때문이다.

물론 내가 태어난 관사(官舍)도 철거 대상이었지만, 관동대지진으로 갈 곳을 잃은 국철노동자 일가족을 당국은 쫓아내지 못하고 곤란해 했던 것 같다. 그렇다고 하여 재해 후 그 당시는 주택 임대가 어디에도 널려있는 것이 아니었다.

인간의 성격은 4, 5살 때까지의 유아기 때의 환경에 의해 결정된다는 설이 맞다고 한다면 도시와는 멀리 떨어져 일반인이 통행하지 않는 장소에서 태어나고 자란 그 고독함과 그 후의 생활은 나의 인생을 결정했다고 말할 수 있을 것이다.

나는 내 가족 이외의 어느 누구와도 말을 나눈 적이 없고 누구와도 놀아본 적이 없다. 오후나(大船)에서 나는 처음으로 나보다 두 세 살 많아 보이는 몇 명의 남자 아이들과 만났다. 그들은 하루 종일 팽이 놀이만 하고 있었다. 나는 옆에서 그것을 지켜보고 있었는데, 그들은 힐끔 내 얼굴을 쳐다볼 뿐 아무 말도 하지 않았다. 며칠인가 지나고 리더 격인 아이가 내게 팽이를 하나 주었다. 그러자 다른 아이가 딱지를 한 장, 그리고 다른 아이가 유리구슬을 하나 주었다. 그것은 아마 동료로 나를 받아들여 준 것이라는 의미이다.

그들은 강 저편에 줄지어있는 바라크 건물에 살고 있었기 때문에 나는 매일 그들 중 한 사람이 부르러 와주는 것을 이쪽 다리에서 기다리고 있었다. 다리 아래의 물 흐름이 보이는 그 다리를 나는 혼자서는 건너갈 수 없었다. 어느 날 책가방을 맨 소학생이 내 옆을 지나갔는데 갑자기 '조선인과는 놀지 마라'라고 말했다. 나는 무슨 일인지 몰라서 멍하니 서있었다. 그 조선인 이외에 놀아주는 사람이 아무도 없었던 것이다. 첫째 리더격 아이의 어머니를 친절한 여동생처럼 나의 어머니는 옛날부터 알고 지내던 사이처럼 이야기를 나누었다. 어머니는 아직 서른 살 전이었다.

그런데 내가 나의 아버지 쪽 조상이 조선인일 것이라고 추측하게 된 것은 실은 그 후 중학교 시절로 군마현(群馬県)의 묘의산(妙義山) 근처의 도래인 촌락이 있는데 거기서 대장간을 했다는 것을 고전 수업시간에 들었을 때였다.

가교

서울 학생가에서 하숙을 하면서

[架橋]] ソウルの学生街に下宿して

시오즈카 다모쓰는 『산케이(産経)신문』 오사카 사회부기자이다. 이 글은 한국에서 어학연수를 받을 때 지냈던 하숙집 추억에 대해 기술하고 있다.

비가 오는데도 젊은 군인이 총을 들고 경비를 서고 있었다. 1986년 5월 26일 오후 서울 김포공항에 내렸던 나는 처음으로 본 광경이었다. 이로부터 6개월간 군사적 긴장 하에 있던 이방의 나라 한국에서 살게 되었다. 각오는 하고 있었지만 매우 긴장되는 날들이었다.

88 서울 올림픽을 앞두고 정치적, 군사적, 경제적 그리고 스포츠 각 분야에 이르기까지 주목을 받고 있던 한국이다. 취재 체제강화 때문에 나는 산케이 신문사로부터 서울 유학생 제1호로 보내주었다. 유학한 연세대학은 녹색으로 캠퍼스가 둘러싸여 있어 아름다운 학원(學園)이었다. 유럽의 고성(古城)을 연상케 하는 옛날 돌로 만든 교사(校舍)에는 담쟁이넝쿨로 뒤덮여 있었고 교실 창문까지 다람쥐들이 나타났다.

해외로부터 어학연수생을 대상으로 한 한국어학당에의 입학 수속을 받고, 대학이 소개해주는 하숙집으로 향했다. 그런데 그 하숙집의 방으로 들어가니 뭔가 어두컴컴했다. 창문을 열어보니 30센치 정도의 반대편에 이웃집 담이 있었다. 하루 종일 햇볕이 들지 않는듯했다. 이 방은 캔슬하고 내 스스로가 방을 찾는다고 했다.

페이지
17-20

필자
시오즈카 다모쓰
(塩塚保, 미상)

키워드
88 서울 올림픽,
한국어학당, 하숙집,
전투경찰, 화염병

해제자
서정완

서울 지국 한국인 스텝에게 부탁하여 학생 거리를 걸어 보았다. 5, 6군데 하숙집을 돌아보아다 결국 마음에 드는 하숙집을 찾았다.

언덕 위의 주택가, 2층집으로 1층은 대가족인 주인이 살고, 2층의 방이 하숙집으로 되어 있었다. 동쪽과 서쪽으로 창문이 나 있었다. 집도 환하고 바람도 잘 통한다. 집 아저씨는 꽃을 좋아하는데 베란다에는 여러 색색의 꽃들이 바람에 흔들리고 있었다.

그날 밤 하숙집 아저씨가 학생들을 소개해 주었다. 위스키가 있으니 한잔 하자고 권유하자 5,6명이 모였다. 가장 나이가 많은 학생 방에 모여서 술자리를 벌였다.

가을이 깊어진 10월의 어느 밤, 여느 때와 마찬가지로 학생들과 함께 이야기를 하면서 막걸리는 마시고 있었다. 가게 안 TV에서 뉴스가 나오기 시작했다. 중심 뉴스는 건국대학의 농성사건이었다. '민주화'를 부르짖는 천 수백 명의 학생들이 대학에 바리게이트를 치고 봉쇄하고 있었다. 출동한 전투경찰에게 옥상에서 화염병을 던지며 격렬하게 저항했다.

시끄러웠던 가게 안이 조용해지고, 20여명의 손님 전원이 TV에 주목했다. 마침내 봉쇄가 해제되고 다친 학생들이 연행되는 장면이 화면에 비춰졌다. 그 순간, 한탄하는 소리가 들렸다. 주위를 보니 학생이나 노동자, 그리고 가게 아주머니까지 일제히 한탄하는 소리를 내고 있었다. 그날 밤, 나의 친구는 술을 많이 마셨다.

가교
『신편일본사』와 임교심

[架橋]]『新編日本史』と臨教審

다카시마 노부요시는 쓰쿠바대학(筑波大学) 부속 고등학교 교사이다. 이 글은 교육과정심의회의 중간 결산과 그 속에 나타난 국제화의 의미에 대해 적고 있다.

본『계간 삼천리』제45호에서 '동남아시아에서 본 교과서문제'에 대해 보고한 것은 1년 전의 일이다. 불과 1년 사이에 여러 가지 일들이 있었다. 교과서문제에서는 화제의『신편일본사(新編日本史)』가 등장하고 가을에는 후지오 마사유키(藤尾正行)와 나카소네 야스히로(中曽根康弘) 발언이 이어졌다. 게다가 10월에는 교육과정심의회(교과심)의 '중간 결산'도 공표되었다.

이 중간결산은 소학교에서부터 고등학교까지의 학교교육 내용 개혁을 내건 것으로 그 개혁 방향은 임시교육심의회(임교심)가 이미 고시한 것에 의한 것이다. 그것은 임교심에 의하면 21세기를 전망하여 내 놓은 것이며, 21세기는 국제화사회 시대로서 그것에 대응한 교육 내용이라고 설명했다.

그렇다면 그것은 '중간 결산'에 어느 정도 구체화되어 있는 것일까. 가장 현저한 것은 '국제화'라는 말이 반복해서 등장하고 있다는 것이다. 말하자면 '국제사회를 사는 일본인을 육성한다는 관점에서서', '국제사회를 사는데 일본인으로서 자각과 책임감을 함양하는 것에 대한 배려', '말하자면 국제사회의 일원으로서의 자각을

페이지
20-23
필자
다카시마 노부요시
(高嶋伸欣, 미상)
키워드
『신편일본사
(新編日本史)』,
후지오 마사유키
(藤尾正行),
나카소네 야스히로
(中曽根康弘),
교육과정심의회,
국제화
해제자
서정완

한층 심화하는 관점' 등등이다. 빈번히 반복되는 이 국제화에의 대응 시점은, 어쩌면 당연한 것이며 타당한 것처럼 보인다.

그러나 이들 '국제화'에의 대응을 지적하는 전후에서 반드시라고 말할 수 있을 정도로 일본인으로서의 내셔널리즘에의 경사가 강조되는 문맥이 되어 있다. 예를 들면 국제사회를 사는 일본인 육성 관점을 한층 중시하고 우리나라의 문화와 전통, 세계와 일본의 관계성에 대한 이해를 심화하고 세계 속에서 일본인으로서의 자각과 책임감의 함양에 노력한다던가, 제(諸)외국인의 생활이나 문화를 이해하고 존중함과 동시에 우리나라의 문화와 전통을 소중히 하는 태도를 육성하는 것을 중시해 갈 필요가 있다는 것이라고 표현하고 있다.

이것도 언뜻보면, 일본문화와 외국문화를 동렬에 놓고 있는 듯이 보인다. 그러나 이 교과심에서 이전에 임교심이 '제1차 답신'(1985년 5월)의 '제1부, 교육 개혁의 기본 방향'에서 '⑦ 국제화에의 대응'으로 다음과 같이 주장했던 사실이 있다.

"우리나라에게 건 큰 기대에 답하기 위해서라도 금후 우리나라는 자국문화에 대한 깊은 인식과 경애를 가지면서 이질문화에 대한 폭넓은 이해와 관용 위에 서서 적극적으로 국제적인 공헌을 이루어갈 필요가 있다"

이처럼 '관용 위에 서서'라는 존대한 자세의 배경에 있는 것은 자국문화 쪽이 우수하다고 하는 관념인데 이 점에 대해서 교과심의 '중간 결산'에서는 다음과 같은 방향을 설정했다.

"일본인으로서의 자각을 갖고 나라를 사랑하는 마음을 기름과 동시에 국제사회의 일원으로서의 자각을 한층 심화하는 관점에서 입학식이나 졸업식 등 의식적 행사에서 국기 및 국가(國歌)를 다룸에 있어 명확하게 하는 것에 대해 검토한다"

이러한 관점에서 보아 명확해지는 것은 '금후 국제화가 점점 더 진전될 것이 예상되기 때문에 장래 각가지 분야에서 국제사회에 공헌할 수 있는 주체성 있는 일본인을 육성하는 것을 중시한다'라던가, '세계 속의 일본인으로서 자각 등의 내용을 중시한다'는 형태로 편협한 내셔널리즘을 강조하는 학교교육으로 경사해 갔다.

「보호조약」과 조선민족

「保護条約」と朝鮮民族

가지무라 히데키는 역사학이다. 가나자와(金沢大学)대학 경제학부 교수이다. 전공은 조선근현대사이다. 이 글은, 후지오 마사유키의 발언과 『문예춘추』에 전개된 글을 통해 일본 내에서 전개되는 민족=국가라는 패러다임에 대해 논하고 있다.

페이지
24-32
필자
가지무라 히데키
(梶村秀樹, 1935-1989)
키워드
후지오 마사유키
(藤尾正行),
『문예춘추』,
나카무라 아키라(中村粲),
민족 감정, 배외주의
해제자
서정완

후지오 마사유키(藤尾正行) 발언에 발단이 된 근래의 논의들과 관련하여 이 기획을 세웠는데, 나에게 주어진 과제는 보호조약 전후의 사실 경과를 다시 한 번 확인하는 것이었다. 그러나 사실 확인에 들어가지 이전에 요사이에 있었던 논의에 대한 감상을 논해두기로 한다.

즉 요사이의 문제는 간단하게 사실의 오류를 정정하면 해결되는 성격의 문제가 아니라고 생각하기 때문이다. 예를 들면 후지오 씨가 매우 초보적인 사실 인정 오류를 아무렇지도 않게 범한 것은 잘 알려진 대로, 오류가 판명된 이후에도 후지오 씨가 조금도 부끄러움이 없이 자기주장을 반성조차 하지 않고 있다. 사실도 중시하지 않으면 안 되지만, 사실 판단의 기저에는 무수의 사실을 어떻게 정리하고 인식하는가라는 역사에 대한 수용 방식, 사상의 문제가 걸려있는 것이다.

내가 보는 한 요 사이 논의를 일으킨 『문예춘추』의 편집부의 의도를 포함해 그 노선 위에서 발언하고 있는 사람들의 사상은, 민족

=국가라는 패러다임을 유일한 고정불변한 것이라고 절대화 한 사상이며, 또한 이 특수한 역사 인식의 방법에 대해서 무자각이라는 점이다. 그리고 이 전제를 전제로 근대일본 국가의 행위를 무조건적으로 옹호하고 침략이 아니었다고 하는 당시로서는 어쩔 수 없었다고 하는 것이라고 하고 그리 나쁜 것은 아니었다고 주장하는 것에 주안점이 있다. 그 선험적인 주장에 근거를 부여하기 위해 조선이나 러시아 그리고 청나라에 대한 나쁜 욕을 지속했던 것이다.(당초 후지오 씨도 침략이었는지 모르지만, 그것에는 그것 나름대로의 배경이 있었다고 조심스러운 말투였는데 점차 에스컬레이터하여 나카무라 아키라〈中村粲〉의 경우는 침략이라고 처음부터 정할 수 없는 것이다〈침략이 아니었다〉라는 표현까지 다다르게 되었다. 이 어용논객들의 경박한 언론 조장은 그 배경에 신국가주의적 풍조의 대두가 있었다.

이들 사상의 근저에는 타민족끼리 합칠 수 있는 것이 아니다라고 하는 시니컬한 민족 감정=배외주의가 흐르고 있다는 것을 부정할 수 없다. 일본인인 이상 무조건적으로 자국을 변호하는 것이 당연한 것인데 조선인의 입장에서 국가의 충성심에 이해를 보여주는 것이라고 해도 그것은 절대적으로 대립하는 타자로서 그들의 주장은 그러했다는 것을 인식하는 것으로 결코 공감하는 기반을 공유하는 것은 아니었다. 이처럼 처음부터 자세를 정하고 있었기 때문에 진정한 이해에 도달할리는 없고 논의하면 할수록 쌍방의 입장의 차이만 노정할 뿐이었다.

그들이 설정한 토양위에서 논의를 하면 러시아 침략성이나 구한국 지배층 문제점을 냉정하게 볼 수 없게 된다. 왜냐하면 조금이라도 그것이 있다고 인정한다면 그들의 자기주장의 보강자료로 사용되어질 뿐이기 때문이다. 토양을 없애고 패러다임을 변화시키지 않으면 안된다. 변화·발전하고 있는 것으로서의 민족이라는 패러다임과 함께 계급이라는 패러다임을 통해 양자의 교착 속에서 역사를 다시 받아들이는 것이지 않으면 충분한 역사 인식은 얻어낼 수 없다. 바꾸어 말하자면 우리들은 민중의 시점에 서서 역사를 서로 마주하는 방법을 작가적으로 가질 필요가 있다. 민중의 관점에 서는 것이야말로 비로서 민족 간의 문제는 영원의 대립과 투쟁의 반복이라는 시니컬한 사상을 초월할 수 있는 단서가 열리는 것이다. 그렇지만 반대로 계급만을 보고 민족을 보지 못하면 우리들은 역으로 현실에서 괴리된 오류를 범하게 된다.

헤이그Hague 밀사사건과 한국군 해산

ハーグ密使事件と韓国軍解散

유효종은 정치학으로 비교사회학적 관점, 민족관련론을 전공했다. 도쿄(東京)대학 대학원 박사과정을 수료했으며, 2006년부터 2007년까지 홋카이도(北海道)대학 슬라브연구센터 객원교수를 지냈다. 이 글은, 헤이그 밀사사건과 고종의 퇴위로 이어지는 역사적 경과를 기술하고 있다.

1907년 6월 15일부터 네덜란드의 헤이그에서 제2회 만국평화회의가 열렸다. 이름은 평화회의였지만 주로 육지 전쟁 규칙이나 해전 규칙 및 분규에 있어서의 평화적 조정 등을 심의하기 위한 말하자면 식민지 쟁탈 관계의 국제법 회의였던 것이다.

그 배경에는 해군력 증강을 둘러싸고 경쟁하던 영국과 독일의 대립을 완화시키고 군비제한에 의한 세력 균형을 바라는 러시아와 프랑스, 그것에 미국의 사혹(思惑)이 있었다. 그러나 프랑스에 대한 영국의 지원에 대항하고자 해군력의 증강에 노력하고 있던 독일의 소극적인 태도에 의해 회의에의 기대는 처음부터 그리 높지가 않았다. 그 전년도 1906년에 예정되어 있던 회의가 그때까지 연기되었던 것도 독일, 오스트리아의 회의 참가가 정해지지 않았기 때문이다.

이 회의에 참가를 요청하여 대한제국 황제인 고종의 밀사를 받아 3명의 조선인이 나타났다. 원(元) 의정부참찬 이상설(李相卨)

페이지
40-49
필자
유효종(劉孝鐘, 미상)
키워드
헤이그,
이상설(李相卨),
이준(李儁),
이위종(李瑋鐘),
네리도프(Nelidoff),
고종
해제자
서정완

과 전 평리원 검사인 이준(李儁), 그리고 전 러시아주재한국공사관 서기인 이위종(李瑋鐘)이다. 그들의 임무는 대한제국의 대표로서 회의에 출석하여 1905년 11월 19일 제2차 한일협약(을미보호조약)과 그것에 근거한 외교권 박탈은 일본의 공갈과 폭력에 의한 것으로, 게다가 황제의 재가도 받지 않은 불법적인 것이라는 것을 주장하고 각국에 대해 독립국인 한국에 각각의 공사권을 재개할 것을 요청하는 것이었다.

6월 24일 헤이그에 도착한 밀사들은 회의에 참가하기 위해 우선 회의 의장이 된 러시아의 대표 네리도프(Nelidoff)를 만나 협조를 구했다. 대표 초대는 주최국인 네덜란드에 있다고 듣게 되자 그들은 곧바로 네덜란드 외무부장관을 찾아갔다. 그렇지만, '보호조약에 의한 일본에의 외교권 이양을 각국이 인정하여, 2년간이나 단교하고 있었다'는 것에서 자신으로서는 어쩔 수가 없다며 거절당했다.

그들은 중재재판을 다루는 제1분과위에도 출석하여 고종의 친서를 건네고, 조선문제를 다루어줄 것을 부탁했지만, 여기에서도 정치적인 문제는 당위원화에서 심의사항이 아니라고 거부당했다. 이미 구미 각국은 일본대표의 쓰즈키 게이로쿠(都筑馨六)로부터 조선에는 외교권이 없기 때문에 자격이 없고 참가를 인정할 수 없다는 주문을 해 놓고 있었던 것이다.

그래서 밀사들은 언론과 비공식 루트를 통해 선전활동을 시작했다. 밀사들은 구미의 여론에 조선에 대한 새로운 관심과 동정을 불러일으켰지만, 결국 당초의 목적을 이루어내지는 못했다. 도중에 이준은 병사하고 남은 이상설과 이위종은 이 이상 헤이그 체류는 무의미하다고 판단하고 7월 19일 헤이그를 출발하여 영국으로 향했다. 한편 같은 날 고종은 밀사파견 그것에 대한 책임을 물어 왕좌에서 물러나고 있었다.

조선과 이토 히로부미

朝鮮と伊藤博文

강덕상은, 식민지시기 역사학자이다. 사가현립(滋賀県立)대학 명예교수이며, 재일한인 역사 자료관 초대 관장을 지냈다. 국적은 한국이며, 주 전공 분야는 조선근현대사, 독립운동연구이다. 이 글은 러일전쟁에 대한 일본의 입장과 이토 히로부미의 조선에 대한 입장을 기술하고 있다.

러일 양국의 폭풍전야와 같이 전쟁을 피할 수 없게 되는 상황이 전개되었는데, 1904년 1월 23일, 조선 왕조는 양국에 대해 중립을 선언했다. 어느 쪽이 승리한다해도 이익이 안 된다고 판단한 소국의 지혜였다. 일본이 정한론 이래 계속해서 주장해 오던 '조선의 독립 존중'이라는 것이 겉치레이기는 하지만 준수되었기 때문에 이 중립선언은 지켜져야 했다.

그러나 일본의 본심은 조선 침략, 절대적 우월권의 수립 이외에는 없었고 그 전략은 만주에서 러시아의 남하에 선행하여 조선을 점령하여 병참기지화 하여 만주의 러시아군을 공격하는 것에 있었다.

러시아의 전쟁 준비가 완만하다는 것을 안 일본은 조선 중립 선언의 타파를 통해 개전으로 나아갔다. 조선의 중립 표방을 러시아와 결탁한 위장이라고 단정하여 실력행사를 한 것이다. 그곳에는 적대(敵對) 모순이 있었다.

페이지
50-57
필자
강덕상
(姜徳相, 1932~)
키워드
중립, 임시파견대, 이토 히로부미, 안중근, 국권침탈
해제자
서정완

일본은 '전략상 유리할 때에 일어난다'는 방침에 근거하여 2월 4일, 대(對)러시아 단교를 통고(通告)와 동시에 한국임시 파견대를 편성했다. 이 임시파견대는 2월 6일 사세보(佐世保)를 출항해 8일 인천에 상륙했다. 곧바로 서울로 향했고 서울, 인천 일대를 군사 점령했다. 일본군 별동대가 여순항을 공격한 것이 8일, 인천항에서 러시아군함을 격침시킨 것이 9일, 선전포고가 10일이었다.

'중립국' 조선의 서울 점령 이후 기선을 제압하여 행동한 일본군의 목적은 '한국의 존망은 실로 제국의 안위로 연결된다. 따라서 만주에 대해 러시아군의 영유(領有)로 돌려줄 수 없다'(「선전포고 칙어」)라는 관점에서 였다는 점은 일목요연하다.

일본군의 작전은 러시아보다 빨리 보다 완전하게 조선을 지배하는 것에 있었다. 서울에 2새 사단 병력을 투입하여 조선관민의 거취, 진퇴를 속박하고 반일분자를 체포하여 일본에 보내는 일본군의 행동은 말 그대로 점령군의 행동이었다.

이런 상황에서 이토 히로부미만큼 조선 침략에 깊게 관여한 인물도 없는데, 특히 관계가 깊어지는 것은 이 러일전쟁 이후의 일이다. 하얼빈에서 횡사(橫死)하는 것은 그 결과였다. '메이지의 원훈' 이미지도 그 조선 경략(經略)에 의한 것이기도 하다.

안중근은 이토 단죄의 이유에, ① 보호조약을 강제, ② 민비 살해, ③ 5개조약 강요, ④ 7조약의 강요, ⑤ 국왕 강제 퇴위, ⑥ 군대 해산, ⑦ 민중 대량 학살, ⑧ 제1은행권 발행, ⑨ 교과서의 폐지, 10 신문잡지의 폐간, 11동양평화의 교란, 12세계 기만, 13효명천황 살해 등 13가지 항목을 들었다. 대부분이 러일전쟁 이후 국권침탈에 관한 죄상인데, 여기에 보태어 일본과의 민족모순이 있었으며 조선사에 있어서 러일전쟁의 의미가 숨겨져 있었다. 특히 조선인민의 원한의 표적이 된 을미보호조약 및 정미조약과 이토 히로부미의 관계이다.

「일한병합」과 일진회

「日韓併合」と一進会

강재언은 한국 제주도에서 태어났다. 조선근현대사, 사상사 연구가이다. 하나조노(花園)대학 객원교수를 자지냈다. 소설가 시바료카로(司馬遼太郎)와 친분을 맺었었다. 오사카상과(大阪商科)대학 대학원을 수료했고, 1968년까지는 조선민족운동에 직접 참가했었다. 이 글은, 한일병합 과정을 헌병경찰과 관련하여 기술하고 있다.

일한병합조약은 1910년 8월 22일에 한국정부 총리 이완용과 3대 한국통감 데라우치 마사타케와의 사이에 조인되고 29일에 발표된다. 가쓰라 내각의 육군대신 데라우치가 통감을 겸임하여 서울에 부임한 것은 같은 해 7월 23일이었다. 데라우치 통감겸임과 함께 또 한사람 병합에 공헌자가 된 아카시 모토지로(明石元二郎)는 한국주차군(駐箚軍)참모장에서 한국 주차 헌병대 사령관이 되어 병합 실현을 위한 준비 작업으로서 한국에서 경찰권을 박탈하고 그것을 수중에 장악했다. 이미 한국군은 1907년 8월에 해산되었는데 그것에 이은 두 번째 해산이었다.

아카시 모토지로는 6월 24일 한국정부 총리 서리인 박제순과의 사이에 주고받은 '경창권위임 각서'에 의해 헌병대 사령관과 통감부 경무총장을 겸임하고 헌병경찰제도를 시행했다. 헌병대 사령관 겸 경무총장이 된 아카시는 군사경찰과 보통경찰에 더하여 조선민중의 살생에 관여하게 된다. 실로 광범위한 권한을 장악한 것이다.

페이지
58-65
필자
강재언
(姜在彦, 1926-2017)
키워드
데라우치 마사타케,
아카시 모토지로,
『조선급만주』,
샤쿠오 도오호우
(釈尾東邦),
『조선병합사
(朝鮮併合史)』
해제자
서정완

게다가 헌병경찰 배후에는 러일전쟁 이래 반일의병운동의 탄압에 종사해 온 하세카와를 사령관으로 하는 한국주차군이 있었다.

병합 날 서울에서 잡지 『조선급만주』를 발간하던 샤쿠오 도오호우(釈尾東邦)는 당일 모습을 다음과 같이 적고 있었다. (『조선병합사(朝鮮併合史)』, 단 현대어로 고쳤다)

'한국의 외교는 일본에 위임되고 내정은 일본의 감독 하에 귀속된 오늘, 한국병합이라고 해도 단지 그 국칭(國稱)과 제호(帝號)공명(空名)을 제거했다고 해다고는 해도 한국민으로서는 일대사건이다.1905년 11월에 체결된 보호조약 당시의 소란도 없고 1907년 7월 조약체결의 양위(고종에서 순종으로 교체)에 이어 내정 감독 조약 체결(일본인에 의한 차관정치) 당시의 대소란도 없었던 것은 오히려 기이한 감이 들 정도인데, 이는 즉 실권은 모두 일본에 빼앗긴 오늘날 공명(空名)의 국호제호를 빼앗겨도 별도로 소란도 없이 포기한 것에 의한 것도 데라우치 통감의 용의주도하게 만사 비밀리에 교섭을 진행한 것도 그 원인의 하나임에 틀림없다'

병합의 완성에 대비하여 서울 시내에 배치한 것은 헌병경찰 뿐만이 아니었다. 한국주차군도 지방에서 의병운동탄압에 종사하던 군대 일부를 비밀리에 서울 용산에 집결시켜 헌병경찰에 책응(策應)하여 행동하도록 8월 15일까지는 모든 전투배치를 실시하고 있었다.

이처럼 병합 당일 조선민중의 움직임은 압도적인 일본군.헌병·경찰에 의해 봉살되고 특히 철저하게 언론이 압살되면서 한국총리 이완용과 한국통감 데라우치 사이의 병합 교섭과 조인은 8월 29일에 발표될 때까지 극비의 비밀리에 진행되었다.

분명히 병합 당일 조선민중의 반응은 샤쿠오가 적은 대로였다. 그러나 침묵 속에 감춰진 증오는 축적되면 축적될수록 그 폭발력은 강렬한 것이 되는 것이었다. 그것이 10년이 경과해서 1919년 3,1운동은 그것을 여실히 보여주었다.

데라우치 마사타케와 무단정치

寺内正毅と武断統治

마부치 사다토시는 도쿄가쿠게이대학(東京学芸大学) 특임교수를 지냈다. 전공은 조선근현대사이다. 이 글은 식민지시기 조선에서 실시한 무단정치 성격에 대해 기술하고 있다.

1910년 8월 29일 말하자면 한국병합 조약 체결(조인 날짜는 3월 12일)이라는 형식을 거쳐 조선이 일본의 식민지화 된 것이 공식화되고 칙령 319호를 통해 식민지지배 기관 조선총독부가 설치되게 된다.10월 1일 제1대 조선총독으로 취임한 것은 일본 내각의 육군대신으로 재임하면서 이 해 5월 30일 제3대 한국통감으로 임명되고 7월 23일 서울에 부임한 것이 데라우치 마사타케(寺内正毅)였다. '시정(始政)기념일'로 지정된 이날부터 1916년 10월 9일 데라우치 퇴임 날까지와 제2대 총독인 하세가와 요시미치(長谷川好道)가 군림한 1919년 8월 12일까지의 기간을 일반적으로 '무단정치' 시대라고 부른다.

무단정치란 무력을 통해 전제적으로 시행하는 정치를 말하고, 『사기』의 '향곡(鄕曲)에 무단(武断)한다'는 말에 기원을 찾았다. 그렇다면 무엇 때문에 데라우치나 하세가와로 이어지는 식민지지배가 '무단정치'라고 불리게 된 것일까. 조선에서는 이조시대말기에 빈번하게 발생하는 악덕 관리(탐관오리)들의 폭력적인 민중지배를 가리켜 사람들은 무단이라고 불렀다. 일본의 총독지배는 그

페이지
66-73

필자
마부치 사다토시
(馬淵貞利, 1946~)

키워드
조선총독부,
데라우치 마사타케
(寺内正毅),
하세가와 요시미치
(長谷川好道),
'헌병경찰제도'

해제자
서정완

것 이상의 무단으로 조선민중의 눈에는 비춰졌다.

무단정치의 성격을 분명하게 하기 위해서는 '시세에 적합한 제도'였다고 치켜세워지는 '헌병경찰제도'가 어떤 것이었고, 왜 그것이 필요했었는가라는 것을 해명하지 않으면 안된다. 그것은 지금도 '망언'이 나오는 한국병합 방식을 다시 보는 것이며, 병합 역할자, 혹은 첫 번째 공로자로 불리는 '헌병경찰제도'를 낳은 데라우치의 역사적 역할을 검도하는 것이기도 하다.

그런데 일본의 조선지배를 정당화하고 그것을 찬미하는 사람들의 데라우치 평가에는 두, 세 가지 포인트가 있다. 일반민중이 이해하지 못하는 '조선 특수 사정'에 입각한 '조선독특의 제도'를 실시한 것이 긍정적으로 평가되고 있는데, 여기서 말하는 특수사정이란 무엇인가가 첫 번째 포인트이다. 데라우치 개인의 플러스 이미지는 단순하게 군인류의 결단력이나 실행력에서 도출된 것이 아니라 '온정'이라던가 '세심함'을 겸비하고 있는 것에서 찾아지고 있다. 그러나 이러한 찬사는 일반적인 형태에서 개개의 인간에게 부여되어도 대체적으로 아무런 의미를 갖지 못한다. 어떤 인간이든 친절함이라던가 온정을 갖고 있기 때문이다. 문재는 그것이 구체적으로 어떠한 장소에서 어떠한 형태로 나타나는가에 있으며, 그것에 의해 인간의 역자석 평가가 달라지는 것이다. 데라우치의 경우 그 구체적인 장소는 한국병합을 단행한 장소이며 조선지배의 기초를 구축한 장소였던 것이다.

조선인에게는 아무리 생각해보아도 그 '민도(民度)'에 맞추면서 일본어를 교육하고 대일본제국의 신민으로서의 자질과 품성을 획득할 필요성을 이해할 수 없었다. 그것보다도 군복을 입고 검을 허리에 찬 일본인 교사를 학교 교육의 장에서 나가게 하고 무단정치를 일소하는 쪽이 훨씬 절실한 요구였던 것이다.

1987년 봄(2월) 49호

동양척식회사의 식민지경영

東洋拓殖会社の植民地経営

구로세 유지는 히토쓰바시(一橋)대학 경제학부를 졸업하고, 경제학연구과 박사과정을 수료했다. 가고시마경제(鹿児島経済)대학 경제학부 강사를 지내다가 가고시마국제대학(鹿児島国際)대학 경제학부 교수가 된다. 주요 저서에는 『동양척식회사 일본제국주의와 아시아태평양(東洋拓殖会社日本帝国主義とアジア太平洋)』이 있다. 이 글은 식민지시기 한국에 세워진 동양척식주식화의 건립 과정에 나타난 착취의 논리를 기술하고 있다.

1908년 12월 동양척식주식회사가 '한일양국 협동사업'의 미명(美名)아래 설립된다. 그 목적은 러일전쟁 이후 '만한(滿韓)이민집중' 정책에 근거한 한국에의 자작형 농업 이민(10년간 24만명 계획)이 있었고, 그 근저에는 러시아 신문이 동양척식주식회사 설립 움직임에 대해 '일본정부는 자국민을 한국에 이식하여, 즉 평화적 전쟁에 의해 결국 한반도를 정복하려는 것'(『노보예브레먀(Novoe Vremya)』)라고 전하듯이 이미 3차에 걸친 한일협약에 의해 한국은 일본의 종속 하에 놓여지게 되었고 완전한 식민지로서 지배하려는 정치적 의도가 작동하고 있었다.

그러나 한국에의 대량 이민의 최대의 장애는 그것에 맞는 광대한 토지 확보(24만 정보〈町步〉) 에 있었다. 일본 정부가 마련한 창립조사위원회가 한국측 협력을 받아내라고 이토 히로부미(伊藤

페이지
74-79
필자
구로세 유지
(黒瀬郁二, 1947~미상)
키워드
동양척식주식회사,
토지취득,
궁장토(宮庄土),
국유지,
메가타 다네타로
(目賀田種太郎)
해제자
서정완

博文) 통감의 의견서를 채용하여 양국에 법률의 제정이나 한국 측의 토지 출자(出資) 및 토지 매수를 위한 편리성, 역할자 임명 등 '한일양국협동사업'이라는 허구를 만든 것은 장애를 제거하기 위한 것이었다.

이렇게 하여 탄생한 동양척식주식회사는 본사를 서울에 두고 '변경을 순회 할 경우에는 밤중에 권총이나 단도를 이불 밑에 숨겨 두었다'(기타자키 후사타로〈北崎房太郎〉, 『동탁30년의 족적(東拓三十年の足跡)』)이라는 반일적 분위기 속에서 우선 토지취득부터 착수했다.

한국정부의 '출자지(出資地)'의 인도는 주식의 분할에 대응하는 방식으로 4번으로 나누어져 시행되었는데, 첫 번째로 인도될 때 나머지 3회분도 '임차지(賃借地)'로서 선택, 보류되었기 때문에 출자지의 모두가 설립 후 얼마안 있어 동양척식주식회사의 지배하에 들어갔다.

동양척식주식회사의 한국정부로부터의 토지 인계에는 세 개의 계략이 숨어있었다. 하나는 출자지의 중핵을 차지하는 구(舊) 궁장토(宮庄土)의 성격이다. 이 궁장토는 제1차 한일협약에 근거하여 메가타 다네타로(目賀田種太郎) 재정고문의 '제실재산정리'에 의해 '역둔토(驛屯土)'(국유지)에 편입되었는데, 본래 '궁방(宮房)'이라고 불리던 왕실의 사유지였기 때문에 궁장토의 국유지 편입의 목적은 소유권을 일본국에 종속된 한국정부에 옮기는 것에 의해 왕실의 경제적 기반을 해체하는 것에 있었다.

궁방 - 도장(導掌) - 감관(監官) · 사음(舍音) - 장민(庄民)이라는 착종된 궁장토의 토지소유관계도 이미 상품화 하던 도장의 권리가 유상폐기 되었기 때문에 한국정부(度支部) - 감관/사음 - 장민이라는 소유관계로 강제적으로 편성되었다. 그러나 이미 조선왕조의 쇠퇴에 동반되어 사적토지소유자로서 왕실의 소유권도 약화되었기 때문에 새로운 소유관계도 또한 강고한 것이 아니었다.

한국정부의 토지 출자 산정에 있어 기초가 된 것은 이러한 약체화된 토지대 수취관계였기 때문에 고생산력 지대에 속하면서 땅값이 매우 낮은 가격으로 견적을 받게 되었고, 따라서 출자지 면적도 그만큼 크게 평가를 받았다.

계략의 두 번째는 출자지의 지목, 지역 간의 교환이다. 동양척식주식회사 설립 당시의 정관에는 출자지 면적은 전답 각 5700정보의 규정이었는데, 실로 자유로운 선택과 교환이 이루어졌다. 세 번째 계략은 장부상의 것과 실제 측량과의 거리였다. 이처럼 동양척식주식회사는 세 종류의 계략을 구사하면서 출자지의 면적 증가와 집중을 꾀하면서 원 계획 토지 크기를 훨씬 넘게 확보했다.

식민지하 조선의 소작료의 특수성

植民地下朝鮮における小作料の特殊性

페이지
88-97

필자
이누마 지로
(飯沼二郎, 1918~2005)

키워드
소작인,
조세 공과(公課),
토지조사사업,
봉건제, 후쿠다 도쿠조,
전후 시카타 히로시
(四方博)

해제자
서정완

이누마 지로는 도쿄도(東京都) 출신으로, 1941년 교토(京都)대학 농학부 농림경제학과를 졸업했다. 1948년에 국립국회도서관 주사(主事)를 거쳐 1951년에 농림성 농업기술연구소 기관(技官)이 되었다. 이후 1954년 교토대학 인문과학연구소 조교수, 교수를 역임하고 1981년 퇴임했다. 교토대학 명예교수이다. 이 글은 식민지 조선의 소작인과 소작료의 문제를 통해 봉건제 문제가 무엇인가를 기술하고 있다.

일본식민지하, 조선의 소작인이 가혹한 소작료에 의해 몰락에 내몰리고 많은 사람들이 국외로 유망(流亡)한 것은 잘 알려져 있다. 특히 일본인에게 있어 기이하게 느껴지는 것은 동일한 가혹한 기생지주제 아래에 있었던 일본에서 조차 지주가 부단한 조세 공과(公課)를 일본제국주의 하의 조선에서는 일반 소작인이 부담하게 했다는 점이다. 이것이 과중한 소작인의 부담을 한층 더 과중하게 했다. 예를 들면 1930년에 이르러 여전히 소작인에게 조세공과를 전가하는 지주도 전가된 소작인도 각각 전인구에 이르는 50%에 달했다. 게다가 차기 또는 차년도 조세공과를 소작인에게 전납(前納)시키는 지주도 적지 않았다. 조세공과의 구체적인 내용은 지세(地稅), 호세(戶稅), 가옥세, 담배세가 일본의 국세(國稅)로 되고 지방세가 일본 부현(府顯)의 지방세로, 이들 모두가 소작인에게 전가되고 있었다.

게다가 소작료 결정에 대해서는 지주의 자의에 맡겨지는 것이 대부분이었고, 소작인은 항상 불리한 입장에 놓여졌고, 그것이 농업개량의 커다란 방해물이 되었다. 지주의 조세공과를 소작인에게 전가하는 것에 대해서는 총독부조차 반대였는데, 어떻게 해서든 지주에게 징수하려고 노력했지만, 전혀 효과를 올릴 수 없었다. 이러한 특수한 조세제도가 왜 일본 식민지하에서 '고대 공전(公田) 이래의 유풍(遺風)'으로서 시행되고 있었던 것일까.

여하튼 일본의 조세 개정이 봉건시대의 공조(貢租)부담자를 지주로 인정한 것에 비해 조선의 토지조사사업이 오로지 신고에 의해 지주를 인정하지 않을 수 없었던 것은 그 때까지 지주 본위의 토지대장이 덜 준비되었다는 것을 증명하고 있는 것이다.

토지조사사업에 대해서는 박문규, 인정식(印貞植) 양씨의 선구적인 업적과 이재무나 다나카 신이치(田中愼一)에 이르기까지 토지조사사업을 일본 자본주의에 의한 조선 식민지배를 위한 기점으로 다루고 그것에 대해서는 필자도 동의하는데, 단 이조말기의 사회를 봉건제로 해석하는 것에 대해서는 동의하기 어려운 점이 있다.

예를 들면 다나카의 논리는 이조말기를 봉건사회라고 결정하고 있다. 그러나 국가가 직접 농민을 예속시키는 사회가 과연 봉건사회일까.

봉건제란 말할 것도 없이 상급영주가 하급영주에 봉토(封土)를 부여하는 영주봉토제와 봉토내에서 영주가 직접 사법권, 행정권을 갖고 농민으로부터 소작료를 수탈하는 영주농노제 두 개가 동시에 존재할 경우를 가리킨다. 이조말기의 조선에 영주봉토제가 존재하지 않은 것은 분명하며 또한 농민으로부터 사법권, 행정건 등을 통해 공조(貢租)를 수탈한 군수는 그 공조의 일부를 착복하는 경우가 있었다고는 해도 기본적으로는 그 공조를 중앙정부로 보냈다. 그렇기 때문에 농민이 군수에게 예소되어 있었다고는 해도 그 군수와 농민과의 관계를 영주농노제라고 부를 수는 없다. 군수는 중앙정부의 관료이며 그 농민의 존재 형태는 군수를 통해 농민을 국가에 예속시키는 국가적 농노제였다고 보아야 할 것이다. 물론 지금까지도 이조를 관료국가라고 인정하고 봉건국가로 인정하지 않는 설도 없는 것은 아니다. 예를 들면 후쿠다 도쿠조나 전후 시카타 히로시(四方博)의 설이다.

내가 이해하기에는 토지조사사업은 농민을 이조정부의 수탈과 동시에 보호로부터 해방하여 모든 보호에서 벗어난 농민을 보다 가혹한 일본의 수탈에 쏟아부은 것이라고 말할 수 있을 것이다.

서울에 잠든 두 명의 일본인

ソウルに眠る二人の日本人

이진희는 재일한국인 역사가이다. 한국 경상남도 출생이며 1984년에 한국적을 취득했다. 와코(和光)대학 명예교수이다. 메이지(明治)대학에서 문학 박사를 수여받았다. 전공은 고고학, 고대사, 한일 관계사이다. 이 글은 식민지시기 조선에서 산 아사카와 다쿠미의 묘비를 찾아가는 이야기를 통해 일본인의 조선관의 일례를 기술하고 있다.

페이지
107-115

필자
이진희
(李進熙, 1929~2012)

키워드
나카소네 야스히로
(中曽根康弘),
아사카와 다쿠미
(浅川巧),
야나기 무네요시
(柳宗悅)

해제자
서정완

'한일합방은 한국에도 책임'이라고 발언한 문부성 장관을 해촉하면서 나카소네 야스히로(中曽根康弘) 수상이 '일본민족우월론'을 피로하여 국제적 비판을 받은 것이 작년 초가을이었다. 그 당시 나는 우연하게도 서울에 체재했는데, 호텔 조간지에서 그것을 보고 알게 되었는데, 읽어가는 도중에 머릿속에 아사카와 다쿠미(浅川巧)가 생각이 났다.

아사카와 다쿠미는 서울 근교의 망우리라는 곳에 묻혀져 있다. 누구한사람 유족도 없는 이향(異鄕)의 땅에서 쓸쓸한 마음을 갖고 있을 것 같은데, 묘지는 어떠할까. 그렇게 생각하니 가만히 있을 수 없어서 HT 씨에게 연락하여 운니동의 일본문화공보관을 방문했다. 혹시 아사카와 다쿠미의 묘가 있는 장소의 주소를 알고 있는 사람이 있을까 싶어서였다.

오늘은 어떻게 해서는 찾아내지 않으면 안되겠다고 생각하여 공보관을 방문했던 것이다. 입구 경비가 매우 삼엄했는데, 옛날에 알고 지내던 다케나카 시게오(竹中繁雄) 참사관을 만나기까지가 쉽지 않았다. 학생들에 의한 점거 사건이 있었기 때문이었다.

아사카와 다쿠미에 대해서는 다케나카 씨도 잘 알고 있었다. 그러나 묘지의 위치를 알고 있는 사람은 공보관에는 없었다. 그것은 아사카와 다쿠미와 옛날에 알고 지내던 사이였던 화가 가토 1964년에 찾아낸 것을 다카사키 씨의 『조선의 흙이 된 일본인』(소후칸〈草風館〉)에 소개되어 있다.

아사카와 다쿠미가 급성폐렴으로 세상을 떠난 것은 식민지지배가 그 혹독함을 더해가던 1933년이었다. 43세의 젊은 나이였지만, 많은 조선인들이 그의 죽음을 슬퍼했다. 아베 요시시게(安倍能成)는 '아사카와 다쿠미를 애석하며'라는 논고에서 다음과 같이 적었다.

"친족·지인이 모여서 상의를 한 결과 다쿠미 씨의 유해에 흰 조선옷을 입히고, 이중의 관에 넣어 청량리에서 가까운 이문리(里門里)의 조선인 공동묘지에 묘를 쓴 것은 이 다쿠미에 대해 어울리는 마지막 배려였다. 이문리의 마을 사람들은 평소 다쿠미 씨와 사이가 좋았던 사람 30여명이 관을 멜 것을 신청했는데, 이장은 그 중에서 10명만 골랐다"

한편 야나기 무네요시(柳宗悦)는, '다쿠미 씨의 관은 조선인들에 의해 청량리에서 이문리(里門里)의 언덕으로 옮겨졌다. 많은 사람들이 관을 메겠다고 신청하여 그에 응하지 못할 정도였다'(「아사카와 다쿠미의 일」)라고 적고 있다. 이문리의 공동묘지에 있던 다쿠미의 묘가 망우리로 옮겨진 것은 태평양전쟁이 시작된 다음해 1942년 7월 신설된 도로가 묘지 중간을 관통하게 되었기 때문이다. 정중한 이장이 이루어졌다.

다쿠미의 커다란 업적은 조선 미(美)의 재발견이었다. 그는 일 관계로 각지를 돌아다녔는데 민중 생활을 들여다보게 되었고 그들이 일상에서 사용하는 용구에 건강한 아름다움이 있다는 미를 발견하게 된다. 그 '민예의 미'를 처음으로 세상에 소개한 것은 야나기 무네요시였는데 그것을 발견하고 야나기의 눈을 개안시킨 것은 아사카와 다쿠미였다. 야나기 무네요시는 '조선의 것을 알 기회를 얻은 것은 아사카와 백교(伯教), 다쿠미 두 형제를 알게 되었기 때문이다. 경성 아현리에 살았던 다쿠미의 집에 머물게 되었을 때 조선 민예의 미에 크게 눈을 떴다'(「조선 민예의 마음」, 『친화(親和)』1954년 3월호)라고 적고 있었다.

조선적 「한恨」의 구조

朝鮮的「恨」の構造

천이두는 한국원광대학 교수이다. 1960년대 문학잡지에 발표한 평론문들을 발췌한 『한국현대소설론(韓國現代小說論)』이 있다. 이 글은 조선의 전통적 정서 개념의 하나로 일컬어지는 '한'에 대해 구체적으로 적고 있다.

한(恨)이 조선민중의 전통적 정서표현 중 하나의 전형이고 그것이 조선의 전통 시가, 민요, 판소리 등의 정서적 표현의 주조(主調)가 되어 있을 뿐만 아니라 일상적 생활 감정 표상으로서도 편재성을 보이고 있는 것은 조선인이라면 누구나 일단은 승인하고 있는 듯한데, 그 개념 정의에 이르러서는 매우 각각이다.

우선 사전의 해설부터 살펴보기로 하자. 『옥편(玉篇)』에는 '한=원망의 극한, 후회나 유감 등'이라고 되어있고, 이러한 해설은 중국의 사원(辭源)에도 일본의 대사전에도 동일하다. 『한국어대사전』에서는 '한 = 원한, 한탄'이라고 되어 있는데, 한자 사전의 해설과는 약간 다르다. 그 이후 조선이 사전의 해설도 위와 같은 의미망에서 크게 벗어나지 않는다. 즉 한이란 원한(怨恨), 한탄(恨歎)이라고 규정하고 있다. 그러나 이러한 사전적 설명으로는 조선적 한의 고유의 함축(connotation)된 의미를 포괄하지 못한다.

① 여자의 한은 오뉴월에도 서리가 내린다(여성이 깊은 원한을 가지면 이변이 생긴다는 속담), ② 지금 죽어도 여한이 없다(후회

페이지
179-187

필자
천이두(千二斗, 미상)

키워드
한(恨),
『한국어대사전』,
니체,
르상티망(ressentiment),
기독교 도덕

해제자
서정완

가 없다), ③ 한에 가득 찬 두만강 ④ 흥부는 한이 많은 사람으로(흥부는 판소리 흥부가의 주인공), ⑤ 임(林)방울의 판소리에는 한도 있고, 맛(味)도 있다. 이러한 용례로부터 앞서 언급한 사전의 해설이 포괄하는 것은 ①②③정도로, ④⑤의 경우는 사전의 규정으로부터 벗어난다. 요컨대 한자(漢字)로서의 한의 사전적 규정에 구애를 받아서는 조선적 한의 진정한 함축성, 그 고유의 함축적 의미를 잡아내지 못한다고 볼 수 있다.

조선적 한의 일본과 중국 등 타 문화권에 있어서의 그것과는 다른 고유한 속성을 추구하는데 중요한 것은 ④⑤의의 함축성을 추구하는 과제에 있는지도 모른다. 지금까지의 논의는 ①②③의 규정에 근거하고 있다. 즉 한이 조선민중의 고유한 정서적 표상이라고 하면서도 실제는 예외 없이 사전에서의 개념규정에 그치는 것에 의해 그 고유의 함축성을 간과하는 결과에 빠지게 된다.

또 하나의 견해는 조선적 한과 니체의 르상티망(ressentiment)과 동일한 것이라고 보는 견해이다. 기독교적 도덕에의 철저한 비판자인 니체는 기독교에서의 사랑(愛)이란 실로 강한 자인 귀족의 도덕에 대한 약자인 노예의 도덕에 다름이 아니고 그것은 사랑과는 정반대의 르상티망(원한, 반감)에서 유래하는 것이라고 말한다. 지배자인 귀족의 도덕은 그들 자신의 긍지로서 자기긍정에서 생겨나는데, 노예의 도덕은 자기가 아닌 것은 처음부터 부정되는 것에서 시작된다고 한다.

여기에 지배자인 로마에 억압받은 노예로서의 이스라엘 민족의 르상티망의 계기가 있다고 하고, 그렇다고 하여 약한 자인 그들이 당당하게 자기 르상티망을 내걸 수는 없는 것이었다. 그래서 루상티망과는 정반대의 사랑을 내걸고 그것에 의해 강자인 지배자를 무력화시키려고 기도(企圖)한 것이다. 기독교 도덕의 사랑이란 말 그대로 이 루상티망의 하나의 위조로 나타난 것이라고 말할 수 있다. (프리드리히 니체(Friedrich Nietzsche), 기바 진조

(木場 深定) 역, 『도덕의 계보(道徳の系譜)』, 이와나미 문고(岩波文庫) 참조)

1987년 봄(2월) 49호

소련, 동구, 몽고의 「조선학」

ソ連, 東欧, 蒙古の「朝鮮学」

이 글은 제목 그대로 소련, 동유럽, 몽고의 조선학에 대해 소개하고 있다.

현재 조선과 소련 양국은 두만강을 사이에 두고 약20키로 정도 국경으로 연결되어 있다. 이것은 유럽이나 아시아를 경계 짓는 세계 최대의 면적을 갖는 소련이 조선과 극동에서 직접 접해 있는 것을 의미한다. 이러한 양국이 인접하게 된 것은 그리 먼 오래된 이야기가 아니라 1860년 러시아와 중국이 맺은 북경조약 이후의 일이다.

물론 양국 사람들 사이에는 그 이전 몽고제국시대에 이미 접촉이 있었다고 생각되고, 그 구체적인 흔적은 1600년대의 흑룡강 전투, 더 나아가 1700년 이후 북경에서 지속적으로 이어진 양국 사절 접대에 관한 현존 자료 등에서 볼 수가 있다. 그리고 1800년대 전반에는 러시아인은 자국 여행가나 종교회 선교사, 또는 기타 자료를 통해 이미 조선왕조에 관한 어느 정도의 지식을 갖고 있었던 것으로 되어 있다.

이러한 양국의 지리적 근접함은 적지 않은 조선인에 신경지(新境地) 러시아의 연해주 지역에의 이주 및 정착시키는 계기를 가져왔다. 한편 러시아당국은 이주자의 증가와 함께 조선인에게 관심을 갖지 않을 수 없게 되었는데, 그것은 정치, 경제 그리고 문화 방면에까지 이르렀다. 그 결과 일찍이 1874년 서양어와 조선어 사

페이지
188-205
필자
고송무(高松茂, 미상)
키워드
연해주,
『로조사전시편(露朝辭典試編)』,
조선학, 한국학
해제자
서정완

이의 최초의 사건인 『로조사전시편(露朝辭典試編)』이 상트페테르부르크(Saint Petersburg)에서 발간되었다. 조선어는 러시아어가 직접 접한 최초의 서양어였던 것이다. 1875년 같은 지역에서 출판된 학술지에 자연, 언어, 정치, 풍속 등, 조선 전반에 걸친 188페이지에 이르는 소개문이 게재되고, 동시에 아무르 강 부근에 정착한 조선인에 대해 상당히 큰 관심을 가졌다. 이 둘 출판물은 머지않아 본격적인 조선학(원문에서는 한국학, 1948년 이후 한국을 의미하는 것 이외는 모두 조선이라고 번역함)이 러시아에서 시작되려고 하고 있는 것을 보여주는 최조의 것이었다.

그리고 1876년 개항한 조선 왕조는 러시아 측으로부터 끊임없이 수교요청을 받아 1884년에 결국 수교조약을 비준한다. 양국 사이의 외교관계 성립에 의해 러시아는 타 이웃에 대한 것과 마찬가지로 단순한 호기심이 아니라 정치적인 필요성에서 조선을 알지 않으면 안 된다는 의무감을 갖게 되었다. 그 후 제정러시아는 1917년 10월 혁명에 의해 무너지고, 1922년 소련이 되어 오늘날에 이르고 있다.

다음으로 동유럽인데, 현재 우리들이 동유럽이라고 부르고 있는 것은 폴란드, 동독일, 체코슬로바키아, 헝가리, 유고슬라비아, 루마니아, 불가리아, 알바니아 등의 국가들이다. 그러나 이것은 어디까지나 제2차세계대전 후에 생겨난 국제정치적 개념에 지나지 않는다. 조선은 러시아와의 관계처럼 동유럽 국가들과도 상호간에 역사적으로 연결되는 기회가 거의 없었다. 동유럽 국가들 중에 오늘날 조선학이나 그것에 가까운 것이 존재하는 것은 폴란드, 체코스로바키아, 그리고 헝가리이다.

이 세 나라와 조선은 이웃나라 소련을 갖는 지리적인 공통점이 있다. 세 나라는 조선과 달리 소련의 서쪽에 위치하고 있다. 그러나 시베리아를 중심으로 한 조선반도와는 육로로 연결되어 있었다.

몽고와 조선의 관계는 역사적 배경에 있어서 러시아, 이후 소련이나 동유럽 여러 국가들과는 다르다. 조선은 고려시대 거의 백년 동안 몽고의 세력 하에 놓여져 있었기 때문에 그 영향이 문화, 정치, 풍속 등 많은 방면에 침투했고 오늘날도 무의식중에 혹은 의식중에 우리들의 생활에 남아 있다. 조선과 몽고는 몽고가 유라시아대륙의 정복자로서 일어나기 이전부터 관계가 있었는데, 그러나 몽고가 망한 이후 접촉에 대해서는 그 흔적이 거의 남아 있지 않다. 여하튼간에 양국의 접촉은 이미 천년 이전부터 관련이 있었고, 상호간에 관심을 가질 수 있는 토대는 갖추어져 있었다.

온돌방

おんどるばん

후지오 마사유키(藤尾正行) 발언에서 생각나는 것 야마구치현(山口縣)·구마게군(熊毛郡)·나카무라 다다시(中村忠)·무직·77세

제48호 '온돌방'에서 일본의 정치나 교육의 우익편향에 대해 논해지고 있었는데, 나도 이들 정치가, 교육가의 상식을 일탈한 논조에 강한 분노를 느끼고 있는 사람 중의 하나이다. 1910년 8월 한일합방 직전에 부산에서 태어난 나는 말하자면 식민자2세로, 일본 패전 1945년 8월까지 35년 간-6년 정도 도쿄에서 산 것 이외-을 부산, 경성, 평양에서 살았고, 1946년 10월에 귀국했다. 재조 29년을 되돌아보면 총독 정치는 신사참배나 황국신민의 서약, 학교에서의 조선어 사용금지, 조선 역사 수학 금지, 징병제 시행, 황거 요배(遙拜), 히노마루 국기 게양, 배례 등 조선민중의 민족 자부심에 상처를 주는 것이었다. 특히 내가 통분(痛憤)하는 것은 젊은 부녀자들을 감언으로 농락하여 중국, 버마 그리고 다른 지역에 일본병사들의 성욕을 충족시키기 위해 활용했다는 것이다. 근래 2, 3일 사이 일본 잡지에서 후지오 마사유키 전 문부대신이 의견을 내놓았는데, 전전/전중의 잘못을 지금도 인정하려고 하지 않는 오만한 논지는 아시아의 특히 조선인에 대한 심대한 모욕이며 그 심정에 진흙을 칠하는 것이다. 일본인의 한사람으로서 개탄하지 않을 수 없다.

페이지
254-255

필자
나카무라 다다시(中村忠), 가와무라 도모오(川村智雄), 마루야마 주이치(丸山寿一), 윤종식(尹鏞植)

키워드
우익편향, 히노마루, 황국사관, 『조선민족의 발걸음과 일본』, 지문 거부

해제자
서정완

국제친선을 저해하는 것 교토부(京都府) 가메오카시(亀岡市)·가와무라 도모오(川村智雄)·무직·75세

복고조(復古調)교과서에 깊은 관심을 갖고 있어 귀 잡지 제47호를 구매했다. 이 교과서(『신편일본사』) 출판은 친한파를 자인/타인하고 있는 정치가, 문화인의 본심에 숨겨진 황국사관의 독단으로 나타나고 있었는데, 진정한 국제친선을 저해하는 것들이다. 여러 가지를 생각하게 하는 것이었고 많은 것을 배울 수 있었던 특집이었다. 특히 '일본 주자학과 강항'은 전공과 관련되어 있어 정독했다.

인권 학습 자료 오사카부 이바라키시(茨木市)·마루야마 주이치(丸山寿一)·교원, 54세

귀 잡지를 연간 구독하고 학교에서 '인권학습''외국인 아이들 교육' 등의 연수 자료로서 매회 사용하고 있다. 특히 제49호에는 조선과 일본의 역사적 관계에 대한 인식을 심화시켜주는 자료가 풍부했는데, 『조선민족의 발걸음과 일본』(오사카시 외국인 교육협의회 편)을 함께 읽는 연수회에서도 사용하고 있다. 제48호에 전후의 재일조선인 운동을 논하는 좌담회 '해방 후 10년의 재일조선인 운동'이나 양태호의 '해방후 민족 교육의 형성' 등이 게재되었는데, 이것들은 현재 일본의 학교에서 배우는 조선인 아등의 교육을 생각하는 원점으로서 귀중한 자료가 된다. 특히 양태호 씨의 논문 마지막에 기술하고 있는 '정주의식이 정착하고 있는 재일동포는, [재일]로서 민족교육을 바라고 있다. 민족교육 형성 경험은 [재일]의 주체를 키우는 교육을 창조해 가기 위한 자료가 될 것이다'라고 한 의견은 내 주변 조선인 아동의 부모들의 의견과 비교해 볼 때 말 그대로였다는 것을 알 수 있다.

편집 스텝의 열의 나라현 사쿠라이시·윤종식(尹鏞植)·자영업·45세

『계간 삼천리』 창간호 때부터의 애독자이다. 귀 잡지가 오늘날까

지 12년에 걸쳐 지속된 것에 편집 스텝 여러분의 열의와 진정성을 느끼지 않을 수 없다. 내가 현재 살고 있는 곳이 조/일 고대사와 깊은 관련이 있는 나라(奈良)인데, 귀 잡지에 소논문을 게재하는 것을 꿈꿔오고 있었다. 서민 입장에서의 양 민족 간의 진심어린 친선이 진행되고 그 관계가 분명한 것이 되는 것을 바라고 있는 사람으로서 귀 잡지가 더 광범위한 사람들에게 읽혀지기를 기대한다.

「재일」하는 의지를 편집부 · 위량복

'지문 1회에 한해서'를 공자로 한 외국인 등록법 개정안이 이번 국회에서 심의되게 되었다. 이 개정안은 지문날인 의무를 부과한 외국인등록법이 인권을 침해할 뿐만 아니라 외국인을 부당하게 차별하는 것이라는 내외 여론의 강한 비판이 있었고, 이 개정을 요구하는 목소리에 답하는 것으로서 내놓은 것이었다. 그러나 이 개정안 속에 있는 16세 때 '지문 1회'의 해당자 대부분은 재일조선인 3세, 4세에 해당하는데, 개정안에서는 그들의 역사적 경위에 아무런 배려도 없는 것이다. 일본에서 태어나, 외국인으로서 일본사회의 일구성원으로서 살려고 하는 그들과 그 자손에게 어디까지나 관리대상으로서 지문날인을 부과하여 실시하는 것이기 때문이다. 또한 이 법안에서 간과해서는 안 되는 것은 지문 거부자에 대해 교체기간을 단축한다는 규정을 만들어 지문날인을 강요한다는 인권무시도 이만저만이 아닌 것이다. 이와 같이 이번 개정안은 재일조선인의 장래에 크게 관련한 문제가 많이 내포되어 있다. 따라서 그 내용을 잘 검토하여 재일조선인의 의지를 반영시키기 위한 운동을 세워야 할 것이라고 생각한다. 그것이야 말로 오늘을 사는 자의 한사람으로서 차세대에 긍지를 남기는 족적을 남기는 것이 될 것이다.

편집을 마치고

編集を終えて

세월의 흐름은 유수와 같은데 올해는 조선민족의 절실한 소망인 통일에 대한 기본 방향을 보여준 '7·4 공동성명' 발표로부터 15주년이 되는 해이다. 13년 전에 본 잡지를 창간했을 때는 공동성명 정신에 의거한 잡지를 만들고 싶다는 것이 취지였다.

공동성명에서는 통일 문제를 남북 대화에 의해 해결해간다고 남북 당국자가 서약했다. 그런데 그 서약은 언제부터인가 반고(反古)로 취급되어 1천만을 넘는다고 하는 이산가족이 서로 소식을 전하는 것도 불가능하게 된 것이 현실이다. 그뿐이 아니라 최근에는 금강산 댐을 둘러싸고 남북 대립이 한층 더 격화되고 있다.

본 잡지는 당국자가 통일에 대해 미사여구를 늘어놓는 것 보다 남북에 살고 있는 생이별을 한 육친의 소식이라고 확인할 수 있는 방법을 강구해야 한다고 주장하고 있다. 적어도 육친의 절실한 바람이라도 이루어졌으면 한다. 본 잡지를 창간한 또 하나의 주요 취지는 잘못된 이웃나라, 이웃 사람 관념을 고치고 상호이해를 심화하기 위한 하나의 다리를 놓고 싶다고 하는 것이었다. 그를 위해 교과서 문제나 '재일조선인'의 일을 자주 다루었고 본 호에서는 '한일병합' 전후의 문제를 특집으로 다루었다.

문제가 된 후지오 전 문부대신이나 『문예춘추』에서 발언하고 있는 사람들은 근대 일본의 침략행위를 '침략이 아니었다. 당시로서는 어쩔 수 없었다'라고 말하고 있는데, 그것은 양육강식의 시대이

페이지
256
필자
이진희
(李進熙, 1929~2012)
키워드
'7·4 공동성명', 금강산 댐, 상호이해, 양육강식
해제자
서정완

기 때문에 '침략도 어쩔 수 없었다'고 말하는 논리이다. 본 호에서의 각 논문처럼 사실을 솔직하게 바라보고 역사에 대해 겸손했으면 한다. 좋은 이웃이기를 바랄뿐이다. (편집위원 이진희)

1987년 여름(5월) 50호

가교

고대 조선과의 만남

[架橋]] 古代朝鮮との出会い

페이지
14-17
필자
히가시 헤이스케
(東平介, 미상)
키워드
조선문화사, 『고사기』, 『일본서기』, 오노 야스마로 (太安万侶),
해제자
전성곤

히가시 헤이스케는 박애(博愛)위장병원장이다. 이 글은 사가현(滋賀県) 호북(湖北)의 이카(伊香)병원 원장으로 부임하면서 만난 고대유적을 통해 고대 기록에 대해 조사하면서 알게 된 역사를 기술한다.

고토에서 조선문화사가 만들어지고 『일본 속의 조선문화』가 창간되었다(1969년 3월). 이 잡지에는 일본 학자뿐만 아니라 조선인 학자도 있으며, 또한 역사학자 고고학자를 비롯해 폭 넓게 각계의 학자들이 투고하고 있으며 점차 전국적으로 알려지고 주목받게 되었다. 나는 이 조선문화사의 여명기에 만나게 된 것인데, 이 문화사에 모이는 사람들 의기 충만하고 모두 술도 잘 마셨다. '간 기능도 회복되었으니 맥주 정도는 괜찮겠지'라며 모두가 건배를 할 정도였는데, 나는 의시로저 정말 적당주의자였다.

사가현(滋賀県)에서도 조선문화사 주최의 유적 순방이 개최되어 우에다 마사아키(上田正昭)와 이진희 씨가 시민강좌, 성인강좌를 진행했는데, 나는 이에는 빠지지 않고 출석하여 공부를 했다. 어느 날 정귀문 씨로부터 '뭔가 하나 글을 써 달라'는 부탁을 받고, 『일본 속의 조선문화』제4호에 기고한 것이 「동양 외과의학의 원조(元祖)」였다. 『일본 속의 조선문화』에 집필한 덕분에 생각지도 않은 것을 얻게 되었다. 그리하여 고대조선에 대한 나의 병은 깊어져

갔다.

사가현이나 오사카부에 있는 신사의 지주신(地主神) 대부분은 조선도래의 신들이다라고 가르쳐준 것은 김달수 씨였는데, 이를 듣고 매우 놀랐다. '오야마쿠이카미(大山咋神)'라는 익숙한 이름의 신이 이카군(伊香郡) 내 신사에 많다는 것을 알게 되었다. 더 조사를 해보니 '오야마쿠이카미'는 『고사기』에 나오고 『일본서기』에는 없는 말하자면 '오토시카미(大年神) 계보' 속의 신 중에 하나였다. 이것은 내가 발견한 것이 아니다. 다이쇼시대 나카자와 겐묘(中沢見明)라는 학자가 「고사기위서설(古事記僞書說)」에서 다음과 같이 주장했다.

"고사기는 712년에 쓰여졌고 일본서기는 720년에 도네리 신노(舎人親王) 등을 비롯해 여러 사람들에 의해 편찬되었다. 거의 동일한 년대에 만들어졌음에도 불구하고 오노 야스마로(太安万侶)가 쓴 『고사기』 내의 신들들 중에 「오토시카미 계보」의 26개의 신이 모두 일본서기에는 삭제되어 있다".

그 이유는 실은 일본서기가 고사기보다 먼저 만들어져(720년) 이후 헤이안시대가 되어 서기에서 누락된 「오토시카미 일통(一統)」을 모시는 신사의 신주들이 오노 야스마로의 이름을 빌려 「오토시카미 계보」의 신들을 일본 정사에 써 넣기 위해 창작한 것이 『고사기』라고 했다.

이 논쟁의 발단이 된 신들이 「오토시카미 계보」였고 게다가 「오토시카미 계보」 속에 가장 고명(高名)한 것이 '오야마쿠이카미'였다. 그리고 다시 조사해 보니 「오토시카미 계보」에 있는 26개 신들은 대부분이 도래계통으로 특히 신라 도래의 신들이었다.

가교

일본국 이카이노

[架橋] 日本國猪飼野

스기타니 요리코는 오사카시(大阪市) 조요우(城陽)중학교 교원이 되었고, 한국적(韓国籍) 학생에 대한 민족차별 문제에 대해 관계해 왔다. 1971년(昭和46年)「일본 학교에 재적하는 조선인 아동/학생 교육을 생각하는 모임」을 결성하고, 오사카시 외국인 교육연구협의회 사무국 전임이 되었다. 이 글은 전전에 형성된 오사카의, 이카이노 지역을 소개하고, 이카이노에서 사는 재일조선인의 저임금, 가혹한 노동 조건, 교육 문제, 남녀 차별 등등의 문제를 일본 사회의 구조적 차별문제로 설명해낸다.

페이지
17-20

필자
스기타니 요리코
(杉谷依子, 1933~)

키워드
조선해협,
야마시로 도모에(山代巴),
김달수, 김시종,
추체험(追体験)

해제자
전성곤

이카이노(猪飼野)－이전에 제주도로부터 '일본국 이카이노'라고 적어도 편지가 배달된다는 전해지는 오사카시 이쿠노구(生野区)의 일 구역이다. 재일조선인 다주(多住)지역으로 1972년의 행정구역 초(町)의 변경으로 이 이름은 없어졌다. 지도상에는 히라노가와(平野川)와 연결되는 이카이노 신바시(猪飼野新橋)와 버스 정류장인 이카이노바시(猪飼野橋)가 남아 있을 뿐인데, 이곳에 살면서 이 곳을 제2의 고향이라고 생각하는 사람은 지금도 '이카이노'라고 부르고 있다.

소카이(疎開)도로를 동쪽으로 200미터정도 가면 오른쪽에 닌토쿠(仁徳)천황의 행행(行幸)에 인연이 있었던 미유키노모리텐진구(御幸森天神宮)가 있다. 여기에서부터 서쪽으로 이어지는 미유키

도오리(御幸通り)가 일반적으로 부르는 '조선 시장'이다. 야채를 포함해 파, 마늘, 상추, 미나리, 도라지도 살 수 있다. 명태, 각종 김치, 호르몬, 족발, 떡, 조선 과자, 그리고 최근에는 가끔 씩 밖에 못보는 약밥. 칼라풀한 민족의상이나 조선인형, 민요 테잎, 제사 도구, 한방약 등 가게에는 한글 간판도 눈에 들어온다.

1923년 2월 제주도와 오사카 사이에 직행 항로가 연결되고 오사카가 제주도에 가까 가까운 곳이 되었다. 이카이노의 조선인 90%가 제주도 출신자들이다. 제주도는 여성들이 많고 일을 잘한다고 하는데, 일본에 조국을 들여오고 전통적인 생활 습관을 지켜온 것도 여성들이다. 규슈에서 태어나 이카이노에 살고 있는 게 자녀를 가진 시인 종추월 씨는 '한 가지 시점만으로는 살기 괴로워서 견디기 어려운 인생이라면 만 가지 복안(複眼)으로 살면 된다'고 말한다.

'여성으로 태어나는 것보다 소로 태어나는 것이 더 대우가 좋았을 텐데'라고 한탄하는 어머니들을 만났다. 담담하게 이야기를 꺼내고 후반에는 노래를 부르듯이 신상 이야기를 해주는데, 누군가를 원망하는 것도 아닌 자신들의 운명이라고 말하는데, 정말 잘 견뎌왔다고 한 숨을 쉰다.

1세 할머니들 대부분은 남편과 사별 후 대학교수나 의사, 자영업 등으로 훌륭하게 일하고 있는 자식이 있어도 자립해서 산다. 비좁은 아파트를 빌려서 무언가를 하면서 일을 하고 있다. 자식들이 걱정이 되어 함께 살 것을 권유해도 '혼자 사는게 마음 편하다'라며 이카이노를 떠나지 않는다.

이카이노에는 저임금, 가혹한 노동 조건, 교육 문제, 남녀 차별 등등 일본 사회에 있어서 차별구조가 이전에도 지금도 표출되고 있다. 이곳의 존재 자체가 제기하는 문제에 대답하는 것이 국제화로 나아가는 우리들 일본인 한 사람 한 사람에게 부과된 과제이다.

가교

한국 언론인을 생각한다

[架橋] 空襲下の朝鮮人の動向

다카사키 소우지는 도쿄교육대학(東京教育大学)에서 일본사를 전공했고, 석사과정을 중퇴했다. 1987년에 쓰다주쿠대학(津田塾大学) 학예학부 조교수, 이후 교수가 되었다. 1995년 조선식민지 지배에 대한 일본의 사죄와 배상을 일본정부에 요구하는 운동을 하던 중 와다 하루키(和田春樹)로부터 인정을 받아 아시아여성기금운영심회의 위원으로 추천되었다. 이 글은 한국문화공보부에서 지시하는 언론에 대한 '보도지침' 내용에 대해 구체적으로 나타난 탄압에 대해 적고 있다.

작년 11월초에 나는 『한국통신(韓国通信)』제128호를 읽으면서 한국 언론인의 용기에 경의를 표한 적이 있다. 그것에 민주언론운동협의회의 기관지인 『말(言葉)』(9월 6일호)가 「보도지침」을 폭로한 것이 소개되고 있었다. 「보도지침」이란 한국 문화공보부 홍보정책실이 각종 신문사에 대해 매일 '이에 대해서는 쓰지마라', '이에 대해서는 더 크게 보도해라' 등등 비밀리에 지시한 가이드라인이다.

『한국통신』이 소개한 '본문발췌'에서 다시 발췌하여 소개하면, 1985년 10월 28일에는 '일본의 산케이(産経)신문의 시바타 미노루(柴田穂) 논설위원의 『한국의 개헌논의 너무 성급하다』라는 내용의 사설은 눈에 띄도록 적절히 보도 할 것'이라고 지시를 받고 있

페이지
20-23
필자
다카사키 소우지
(高崎宗司, 1944~)
키워드
『한국통신』,
와다 하루키(和田春樹),
논설위원, 「보도지침」,
국가기밀
해제자
전성곤

다. 또한 같은 해 12월 26일에는 '와다 하루키(和田春樹), (반한 지식인) 이 이끄는 일본지식인 그룹이 낸 『창작과 비평』복간 건의와 전태통령에의 탄원서 건은 일체 보도하지 말 것'이라고 지시하고 있었다.

나는 「보도지침」(특집호)의 『말』을 복사하여 읽었다. 그곳에는 '쓰지마라', '써라'라는 지시뿐만 아니라 예를 들면 1986년 2월 27일에는 필리핀 사태에 대해서는 '1면 3당 정도로 다루고 나머지는 외신면과 스포츠면에 한정할 것'이라며 실로 구체적인 지시도 이루어지고 있었다. 신문 스크랩(scrap)으로 이 날짜의 『동아일보』를 다시 보니 정말로 '1면 3단'으로 다루고 있었다. 그리고 그 전 날 2월 26일의 『동아일보』를 보면 1면이 모두 '마르코스 망명, 20년 독재 정권 붕괴'라고 전하고 있었다. 그리하여 『말』을 보면 이 날은 필리핀 사태에 관한 지시가 없었다.

12월에 들어서면 「보도지침」의 폭로에 관계한 민주언론 운동협의회 사무국장 김태홍 씨, 실행위원 진홍범 씨, 『한국일보』 기자인 김주언 씨 등의 구속이 전해졌다. 『동아일보』 12월 16일에 의하면 「보도지침」을 『말』에 게재하여 2만 2천부를 제작한 것이 국가보안법위반에 걸린다는 것이었다.

다행히 「보도지침」을 폭로한 것을 '매우 용기있는 저항'이라고 평가하고 '이 사람을 체포한 것은 부당한 것이라고 여겨 석방을 요구한다'는 성명이 올 1월 27일 진정통(秦正統), 마쓰오카 히데오(松岡英夫), 야스에 료스케(安江良介) 의 이름으로 발표되고 나도 참가했다. '지금 우리들 사회에서도 국가 기밀을 명목으로 보도의 자유를 침해하는 행위의 움직임이 진행되고 있다. 우리들은 한국 기자들의 자유언론 실천 정렬에 배우고 일본 안에서라도 최대한의 노력을 해 갈 예정이다'라는 성명서 최후 부분을 다시 보니 상념은 10년 전의 한국의 자유언론 실천 투쟁으로 거슬러 올라가 진다.

가교

블라디보스톡의 신한촌新韓村

[架橋] ウラジオストクの新韓村

페이지
27-30

필자
하라(原暉之, 1942~)

키워드
조선총독부,
블라디보스톡,
재류한인,
신한촌(新韓村)

해제자
전성곤

하라 데루유키는 일본의 역사학자이다. 전공은 러시아 극동사(極東史)이다. 도쿄대학(東京大学) 서양사학과를 졸업하고, 대학원에서 석사와 박사과정을 수료했다. 이후 아이치현립대학(愛知県立大学) 외국어학부 전임강사, 조교수를 거쳐 교수가 되었다. 그 후 홋카이도대학(北海道大学) 슬라브연구센터 교수, 소장을 역임했다. 이 글은 블라디보스톡에 이주하여 생활하는 한국인들의 역사와 생활을 소개한다.

근래 추고(中公)문고에서 나온 책 중의 한 권으로 60년만에 재판된 오바 가코(大庭柯公)의 『로국 및 로인연구(露國及び露人研究)』는, 러시아통으로 알려진 오바 씨가 넓은 시야를 가진 사람이었다는 것을 느끼게 하는 명저인데, 그것을 다시 읽으니, 다음과 같이 적고 있는 것을 알게 되었다.(초출은 1914년 『흑룡강남유기(黑龍江南遊記)』)

조선총독부는 일면에서 러시아령의 배일파 조선인에 대한 과대한 경계에 이어 다른 한편으로는 조선내지의 조선인의 국외이주를 냉시(冷視)하는 것은 왜인가. 조선총독부는 2명의 고급관리를 포항(浦港)의 일본총영사관에 상주하게 하고 오로지 배일조선인의 밀정에 임하도록 했다.

포항(浦港)이란 블라디보스톡을 가리킨다. (이하 포조(浦潮)로

겸칭) 일본에서 최단거리에 있는 러시아의 대도시로 역사상 일본과의 관계도 깊은 곳인데, 이전에 러시아 재류조선인 사회의 하나의 중심지이기도 했다. 포조에 사는 조선인의 대부분은 시의 외곽 아무르 강 주변에 위치하는 신한촌(新韓村)이라고 불리는 도시구역에 집중하고 있었다.

1911년 통계를 보면 포조의 조선인 인구는 8445인이며 이 중에서 옛날부터 살고 있는 러시아국적취득자는 500여 명에 지나지 않고 압도적 다수는 재류 기간 연수가 적은 비귀화자와 일시체류자로, 일본에 의해 강제적으로 진행된 조국의 식민지화를 피부로 체험한 사람들이었다. 당연히 신한촌 주민들의 반일감정은 높았다. 이 포조에 상주하는 '밀정'의 임무에 대해 총독부 파견인은 1910년부터 1920년까지 10년간 끊임없이 신한촌의 동정을 살피고 반일운동의 거점을 괴멸시키려고 기도하고 활동하고 있었다.

일본정부가 재조선관리의 포조 상주를 개시하는 것은 '한일병합'의 전야(前夜)이다. 그 목적은 당시의 한국통감 소네 아라스케(曾禰荒助)에서 외무부장관 고무라 주타로(小村寿太郎) 앞으로 1910년 5월 2일자 조회에 의하면 '오로지 재류한인의 시찰 임무를 담당'하기 위한 것이었다. 외무성측의 이해를 얻고 통감부통역관인 도리이 추조(鳥居忠恕)와 기도 가쓰미(木藤克己) 두 명이 포조에 배치된 것은 같은 해 7월의 일이었다.

일본군의 포주 주둔이후에도 신한촌 주민의 의기는 여전히 높았다는 것은 다음과 같은 이야기에서도 알 수 있다. 일본군의 상륙이전, 신한촌에 들어간 일본인은 거의 없었다. 1918년 가을, 비로소 기구치 기로(菊池義郎) 총영사가 이곳을 시찰했다. 기구치가 그때 한민학교에 들렀을 때 200루불을 기부했는데, 한 여교사가 그것을 찢어 불 속에 던졌다고 한다. 기구치 총영사의 다음에 이곳을 시찰한 일본인은, 시미즈(清水)서기관, 이어서 시노다(篠田) 사무관이었다. 후에 경성제국대학 학장까지 올라간 시노다 지사쿠(篠田治

策)는 당시 평안남도 사무관이었는데, 이미 1907년부터 2년간 통감부 간도파출소 총무과장으로 근무한 경험을 갖고 국외조선인 문제의 전문가로서 포조파견원에 기용되었던 것이라고 생각한다. 1919년 1월 22일자의 포조파견군정무부 촉탁으로서 발령받은 이후 포조에 착임하기 전에 상경하고 있었는데, 이것은 일본정부와 육군중앙부로부터 무언가 지시를 받은 것임이 상상 가능하다.

가교

지금, 새로운 시점의 시기에

[架橋] 今､新しい視点のときに

모리사키 가즈에는 식민지시기 조선 대구에서 태어났다. 1947년 후쿠오카현(福岡県) 여자전문학교(女子専門学校, 현 후쿠오카여자대학) 보건과를 졸업했다. 전시기에는 군대에 동원되었었고, 결핵에 감염되어 전후 요양 생활을 보내게 된다. 이후 1950년 마루야마 유타카(丸山豊)가 주재하는 『모음(母音)』멤버가 된다. 1958년 다니가와 간(谷川雁), 우에노 (上野英信)과 함께 문예잡지 『써클촌(サークル村)』을 창간하기도 했으며, 여성교류 잡지인 『무명통신(無名通信)』을 간행했다. 이후에는 후쿠오카를 근저지로 하여 탄광, 여성사, 해외 매춘부 등에 대한 논픽션 글을 집필한다. 이 글은 한국에 시집을 간 일본인 여성에 대해 적은 글로, 전전과는 달리 일본 여성이 한국에서 살고 있는 모습과 '가교'의 역할에 대해 적고 있다.

페이지
30-31
필자
모리사키 가즈에
(森崎和江, 1927~)
키워드
적국(敵國), 문화, 가교, 인간의 생명
해제자
전성곤

전후 일본에서 한국으로 시집을 간 친구가 있었다. 당시는 아직 파도가 심하게 치는 혼란한 시기였기 때문에 나도 이 일본에서 살 곳이 있을까하고 예측도 못하는 상황이어서 그녀가 어디에 가는지도 생각도 못했다. 그곳은 적국(敵國)이라고만 나는 생각했다. 적국이라고 여겨지고 있음에 틀림없다고 생각한 것이다.

그렇다고 하더라도 가고 싶다고 가족의 만류를 뿌리치고 갔다고 한다. 어릴 때부터 적이라는 것을 교육받았고 방공 두건을 쓰고

죽창으로 적과 싸우는 훈련을 했었는데 자신이 적시(敵視)된다는 의식은 없었다. 미국 폭격기가 머리위에서 날고 공습 때에 흙벽에 숨어서 훔쳐보고 있을 때 웃는 얼굴이 스쳐지나갔는데, 그것이 적도 적시(敵視)되고 있다는 것을 생각지 못했다. 살해당할 것이라고 생각은 했지만.

한국에 시집을 간다고 했다. 그것도 혼자서 말이다. 귀환해 온 바다를 다시 되돌아서 그가 부르는 곳으로. 이것을 들었을 때, 내 심신을 묶어 둔 것을, 나는 조선반도의 마음이라고, 믿고 멍하니 서있었다. 일본인이 파헤친 상흔이 학교 등등에 흉한 것으로 남아 있는 광경이 떠올랐다. 적이 아니라 무엇일까라고 생각해 본다. 평화라는 상태가 되어 적을 알았다.

이때의 충격을 넘을 정도의 일에 그 이후에 만난 적이 없다는 생각이 든다. 10대에 시집을 간 그 친구에게 그 이후에는 만나지 못했다. 그렇지만 소식을 가끔 듣는다. 행복하다고 하여 방한한 친구들이 찾아가 보는 듯 하다.

해방 후 20년이 지나고 한국에 시집을 간 일본인 여성은 '나는 아무것도 모르고 있었다. 친척들이 일본인만은 받아들이지 말라고 한 것조차 모르고, 가정에서도 사회생활에서도 내 생각대로 살아왔다. 지금 생각해보면 옛날 이곳에 일본인이 살았구나라는 생각이 든다'고 말했다. 실로 느긋하게 대학에서 가르치고 있었다.

한국에서는 결혼 한 후에도 옛 성을 그대로 사용하기 때문에 두 여성은 일본에서 사용하던 이름을 그대로 사용하며 생활하고 있었다. '옛날 일을 알게 되면서 한층 더 나는 양쪽 문화의 가교가 되고 싶다고 생각하게 되었다. 그렇게 생각하면서 한국의 젊은이들을 교육하고 있다'고 그녀는 말했다.

내가 '과거의 생활문화에 발목을 잡히지 않고 살 수 있는 시대'라고 말한 것은 식민지주의를 만든 것 즉 사물이나 인간의 점유성이 그림자를 드리우고 전혀 다른 문명이 자랐다고 말하는 것이 아니다. 그게 아니라 국가를 넘어 산업구조의 본질적인 변화와 함께 그것에 의해 고도로 성정하고 소프트화 하고 오늘날은 어제까지의 방법으로는 따라갈 수 없는 상황을 노정하고 있다는 것이다. 인간에게 있어서 타자나 타국을 침공해도 얻고 싶은 권력이나 생산력을 통한 역사가 만들어지는 시대는 지났다. 방대한 양으로 아무것도 하지 않아도 인간 에너지를 풍부하게 하는 나라 혹은 가난한 나라에 생겨나게 하면서 거의 한계에 와 있다. 진정으로 다른 시각이 필요한 때가 온 것이다. 살아있는 인간의 생명을 살리기 위해서 말이다.

내부의 역사 증인들

内なる歴史の証人たち

페이지
32-42
필자
다나카 히로시
(田中宏, 1937~)
키워드
출입국관리령, 국민, 외국인, 협정영주자
해제자
전성곤

다나카 히로시는 일본의 경제사학자이다. 히토쓰바시대학(一橋大学) 교수를 지냈다. 정주외국인의 지방참정권을 실현시키기 위해 일, 한, 재일의 네트워크 공동대표이다. 일본평화회 평화연구 장려상을 수상했다. 이 글은 강재언과 대담 형식으로 재일조선인 문제를 법적 지위, 다민족사회의 문제로 다루어 진행한다.

전후책임에 대한 불성실함

'재일문제'는 말할 것도없이 포스트식민지문제이다. '제국신민'으로 간주되던 조선인 중 일본재류자의 전후 지위처우 문제라는 형태를 갖게 되었다. 이 문제는 대(對)일평화조약과 한일조약을 경계로 하여 전후 세 시기로 구분하여 생각할 수 있다. 평화조약 발효에 따라 조치된 것은 식민지 출신자의 '일본국적' 상실을 선고하고 이후 외국인으로 다루게 된 것이다. 이것은 시기나 방법에 대한 문제는 제쳐두고 당연한 결론이라고 볼 수 있을 것이다. 그러나 그것과 일반외국인을 대상으로 하는 출입국관리령(1951년 10월 제정)이나 외국인등록법(1952년 4월 제정) 등을 그대로 적용하는 것은 다른 문제이다.

게다가 이 외에 '국민'과 '외국인'을 준별하는 사상이 충만해 있는 일본에서는 이 외국인 선고는 무권리 상태에 빠뜨리는 것이며,

그것에 의해 특이한 역사적 배경을 말살하려는 것이다. 점령하에 있어서 구식민지 출신자의 지위·처우의 추이, 국적 선택 방식에서 국적 상실 선고에 이른 경위, 그 배경에 깔려있다고 생각되는 당시의 요시다 시게루(吉田茂) 수상의 조선(인) 인식 등에 대해서는 이전에 언급한 적이 있는데, 여기서는 언급하지 않는다. (본지 제8호 및 『사상』85년 8월호)

외국인 선고를 생성한 것은 식민지통치에 관한 사후 책임의 무자각이며, 그것은 원상회복의 미명(美名) 감춰진 역사에 대한 모독이라고 조차 말할 수 있다. 군국주의 일본은 7년간의 점령에서 해방되자 재생되었는데, 그러나 그것은 불의(不義)를 쌓아 온 아시아와의 사이에 '화해'의 기점을 구축하는 것이 아니었다. 즉, 반세기에 이른 대만 통치에 관계하는 중국에 대해서는 일단 국민당 정부를 상대로 평화조약을 체결하기는 했지만, 20년후인 1972년 '중일공동성명'에 의해 재차협의하지 않을 수 없게 되었다. 조선에 대해서는 14년이라는 진 한일교섭을 거쳐 1965년 6월 겨우 한일조약 체결에 이르게 되었다. 그러나 북한(조선민주주의 인민공화국)과의 사이에는 아직도 8·15 그대로이다. 그래서 '이미 전후는 끝났다'라던가 '전후 정치의 총결산'을 입에 담는 것이 가능한 것인가.

한일조약은 어떻든 간에 구식민지문제에 대해서의 최초의 전후처리이기는 했다. 그러나 일본은 거기부터 '전후책임'을 자각하는 것이 아니라 이미 고도성장기에 들어가 오히려 경제 진출의 '사전조치'정도로 밖에 생각하지 않고 있었다.

이러한 역사에 대한 불성실함은 후에 의외의 형태로 노정하게 된다. 82년 '교과서문제', 85년 '야스쿠니(靖国) 공식 참배', 86년 '군사비 1% 돌파' 등등, 그때마다 아시아 여러 나라로부터 전해지는 대일 의심, 대일 불신의 목소리가 무엇보다 그 증거가 된다.

'재일문제'는 포스트식민지문제의 중요한 과제인데, 1965년 한일조약은 그것에 진진하게 마주하는 기점이 아니라 정치·외교의 소산에 지나지 않았다. 그것은 1959년의 '북조선귀환협정' 조인 후 이를 받는 형태로 이루어진 체결이었다. 동시에 성립한 한일법적 지위협정은 협정영주 신청 행위를 통해 남북 분단을 '재일'에가 대입시키게 되었다. 또한 협정영주자는 '출입국 및 거주를 포함한 모든 사항에 관해 이 협정에서 특히 정하는 경우를 제외하고는 모든 외국인에 마찬가지로 적용될 일본의 법령의 적용을 받을 것'(동 제5조)가 역으로 확인되게 되었다. 말하자면 '백지위임'이었다.

「재일조선인」이라는 것의 의미

「在日朝鮮人」であることの意味

강재언은 제주도 출신의 재일 역사학자다. 『계간 삼천리』의 편집위원을 맡았다. 일본 각 대학에서 역사학자로 활동했다. 오사카상과대학(大阪商科大学)에서 수학했고, 재일조선인 운동에 참여했다. 이 글은 전후 일본에서 일상적인 용어로 익숙하게 사용되는 재일조선인이라는 호칭 속에 담겨진 뜻을 국제법과도 관련시켜 기술한다.

페이지
43-51
필자
강재언
(姜在彦, 1926~2017)
키워드
재일조선인,
생지(生地)주의,
소수민족,
'부모양계통주의'
해제자
전성곤

되돌아보면 본지가 창간(1975년 2월)되고 벌써 13년이 경과했다. 그동안 재일조선인을 둘러싼 내외의 부조리와 불합리에 대해 때로는 분노하고 때로는 자성(自省)하면서 지면을 채워왔다. 말할 것도 없이 여기 일본은 '재일조선인(한국적, 조선적자 총칭)'이라는 용어가 아무런 의심도 없는 일상적인 용어로 익숙하게 사용해 왔다.

최근 재일조선인 자녀들 중에는 미국이나 유럽에 여행을 하거나 유학, 혹은 그것에 이주하는 경우가 점차 늘어나고 있다고 생각한다. 그런데 미국이나 유럽처럼 각각의 나라에 태어난 자는 그 부모가 어느 나라 국적이든 태어난 국가의 국적을 자동적으로 취득할 생지(生地)주의적인 국적법을 갖는 나라에서 보면 '재일조선인'처럼 알기 어렵고, 설명하기 어려운 용어도 없을 것이다. 예를 들면 멕시코에서 독자 편지를 보내 온 이정은 씨(주부, 29세)도 다음과 같이 적고 있다.

"외국에 살고 있으면 '일본인인가 중국인인가' 자주 질문을 당한다. '일본에서 태어난 조선인이다'라고 대답하면 '일본에서 태어났는데 일본인이 아닌가', '예 나는 재일조선인이다'라고 정해진 문답이 이어진다. '조선인' 또는 '일본인'이라고 대답해버리면 간단한데 나는 상대가 이해할 때까지 설명을 하려고 한다. 그렇게 함으로서 항상 자신이 놓인 입장을 다시 보게 볼 수 있기 때문이다. 세계의 소수민족 중에서도 재일조선인이라는 입장은 매우 특이한 것이라고 생각한다".

이정은 씨는 일본에서 멕시코에 이주한 경우인데, 가령 본지 제35호에 「『재미(在美)』에서 『재일』을 생각한다」를 기고한 이정순 씨의 사정도 동일한데 그녀는 '재일로서 말하자면 우리 동포의 조건은 세계에서도 이해받기 어려운 복잡하고 특이하며 곤란한 존재이다'라고 적고 있다.

어째서 여기 일본에서는 적어도 1952년 4월 28일에 발효한 샌프란시스코 강화조약까지는 일본국적을 갖고 있던 재일조선인이 이미 85%를 넘는 일본 출생 세대를 포함해 '재일조선인'으로 존재하고 있는 것일까.

일반적으로는 일본의 국적법이 가령 1985년 1월 1일부터 시행된 국적법 개정에 의해 종래의 부계혈통주의에서 '부모양계통주의'로 변했다고 해도 여하튼 간에 혈통주의를 채용하고 있다는 것에서 설명이 가능해 진다. 즉 부모와 자식의 혈연관계를 중시하고 가령 일본에서 태어난 세대라고 하더라도 부모의 국적을 취득한다는 것이 그것이다. 그러나 그것만으로는 어재서 종래 일본국적을 취득하고 있던 부모 그들이 하룻밤사이에 그것이 예외 없이 박탈되고 외국인이 되었는가라는 점에 대해 설명이 되지 않는다. 역시 '재일조선인'으로 계속 존재하는 배경으로 일본적 특수성을 생각하지 않을 수 없다. 그것은 일본 정부측과 재일조선인 측 양면에서 생각해 볼 필요가 있을 것이다.

공무원 채용에 있어서의 국적 조항

公務員採用における国籍条項

오카 요시아키는 자치체 노동자 회원이다. 이 글은 일본에서 정주외국인으로서 재일이 공무원 등에서 배제된 취직 차별에 대한 문제점을 기술한다.

'외국인은 공무원이 될 수 없다. 그 이유는 외국인이기 때문'이라는 공공연한 순환론에 의해 공무원노동 대부분의 영역에서 재일정주외국인은 배제되어 왔다. 말할 것도 없이 그러한 배제는 정주외국인의 노동시장에 참여를 저해하고 생활 선택을 좁히는 것이다. 첫째 노동시장에 있어서 250만 공무원 노동자의 비율을 운운할 것까지는 없지만, 재일정주외국인이 참입할 수 있는 노동시장을 직접적으로 협애화(狹隘化)하고 있다. 둘째 취직차별 해소를 본무로 해야 할 행정주체 자신이 정주외국인을 배제하고 있다는 사실은 민간기업의 민족적 편견과 차별의식에 의한 폐쇄성을 더욱 조장하고 계층적으로 편성된 산업구조 속에 정주외국인에 대한 다른 노동시작을 배당한다는 취직차별 실현을 보다 강고하게 하는 방향으로 작용하고 있다.

재일정주외국인의 생활실현에 있어서 하나의 장애로서 존재하는 공무원채용의 국적조항의 철폐를 목표로 작년 말부터 '재일외국인의 공무원채용을 실현하는 도쿄연락사무소'가 준비회로서 활동을 개시하고, 인사위원회 및 총무국 직원과(職員課)와의 교섭을

페이지
74-80
필자
오카 요시아키
(岡義昭, 미상)
키워드
외국인, 공무원, 정주외국인, 차별
해제자
전성곤

통해 구체적인 운동의 단서를 보여주었다.

연락회의 준비과정에서 참가한 한 사람으로서 또한 요 2년여 동안 지문날인거부운동에 참가해 온 자치체(自治體) 노동자의 한 사람으로서 여러 가지 논의를 갖는 과정에서 느낀 사안을 몇 가지 제출하고자 한다.

이전 메이지시대에 관리에 무한정의 충근(忠勤)의무를 부과한 '관리복무규율'(1872년 칙령 39호)를 상기하게 만든다. 국가중심주의적이고 관치적(官治的) 성격이매우 현저한 '공무원'관은 1953년 당시에도 전후 공무원제도의 민주화에 대해 역질주였다는 것은 분명하다. '한편으로는 천황을 중심으로 한 관료 제도를 배제하면서 한편으로는 이것을 유지하려고 하는 모순이 제2차 세계대전 후 일본의 공무원제도에 계속 내재하고 있다'(다나카다테 아이키쓰〈田中舘 愛橘〉, 『지방자치법를 배운다』)는 것은 그 하나의 증명이었다.

그리고 '국민의 개인적 이익에대립하여 이것에 우월한 국익을 추구하는 국가지배를 위한 작용이거나 사회통치 작용이 아니라 국민의 신탁(信託)에 기초한 〈헌법 전문〉, 국민 한 사람 한 사람을 위한 공공의 임무를 제공하는 서비스 활동'이라는 방향으로 전환해 온 오늘날의 행정관 및 그러한 활동의 담당자로서 '공무원'관에서 보면 도저히 용납이 가지 않는다.

1975년 스웨덴에서 선거법 개정에 의해 3년 이상 거주한 외국적 주민에 시정촌 선거권이 인정되고 많은 외국인의원이 생겨났다. 그것은 스웨덴의 지방자치에 눈에 띄는 분권/독립의 전통과 관련이 있는 것이다. 외국적 주민의 지방 참정화는 일본에 있어서의 국가와 지방자치의 현재를 상대화하고 지방자치를 재생해 가는 길을 전망해야할 것이다. 곤란하기는 하지만, 그것은 결코 먼 장래의 과제가 아니다.

재일을 어떻게 살 것인가

물어지는 재일의 자립과 주체

[「在日」をいかに生きるか] 問われる在日の自立と主体

서정우는 민족차별과 싸우는 오사카 연락협의회 사무국장이다. 이 글은 재일조선인의 법적 지위 처우에 관한 내용을 기술하고 있다. 특히 국제적 상황의 변화에 의해 일본 내에서 국적제한이 개정되는 흐름에 대해 적고 있다.

3월 5일, 협정영주 제3세대의 법적지위와 처우에 관한 제2회 한일실무자 회의가 서울에서 개최되었다. 그 자리에 한국 측은 최대 초점인 협정영주 제3세대뿐만 아니라 특례영주자도 포함한 새로운 한일협정에서의 일원화를 꾀할 것과 퇴거강제 사항 폐지, 공무원 채용 국적 조항 철폐, 민간기업 취직 차별 시정, 사회보장 완전 적용, 공립학교에서의 민족교육 보장 등 내외인 평등 원칙에 따른 처우를 요구했다.

이에 대해 일본 측은 정부 부처에서 검토한다며 즉답을 피했다. 제3회 실무자협의회는 올 후반에 도쿄에서 개최할 것을 합의했다.

아직 본격적인 조사단계가 아니기 때문에 쌍방 주장은 전면적으로 전개되지 않고 있는데, 한국 측 제안 내용은 대체적으로 순조롭다고 볼 수 있다. 그러나 한편으로는 1991년 문제에 대해서는 한국 측 제안과는 전혀 다른 차원인 '일본국적화'에의 추진이 강하게 존재한다. 이것의 계기가 된 것은 1977년에 발표된 사카나카 히데노

페이지
81-88
필자
서정우(徐正禹, 미상)
키워드
한일실무자회의,
민족교육, 동화,
일본국적
해제자
전성곤

리(坂中英德) 씨(당시 법무성 출입국관리국 참사관)의 논문「금후의 출입국 관리 행정 모습에 대해서」이다. 사카나카 논문이라고 불리는 이 논문의 취지는, 재일조선인의 장래를 세 가지로 크게 가정하고 있다.

첫 번째는 조국에 귀국하는 것이다. 이것에 대해서 사카나카 씨는 일본정부는 원조를 하고 이를 촉진해야 한다고 주장하고 있는데, 현실에서는 있을 수 없는 것이다. 두 번째는 외국적인 채로 일본에 영주하는 것이다. 이것에는 일본이 단일민족 지향이 강한 사회라는 것과 국제 분쟁의 불씨가 될 수 있다는 것에서 어떻게든 이 방법을 피하려고 하고 있다. 그리고 마지막으로 남은 길은 일본에 귀화하는 것이다. 사카나카 씨는 이것이 가장 바람직한 것이라고 하고 있는데 한편으로는 현상대로 압도적 다수의 귀화를 실현하는 것은 곤란한 것으로 보고 그 원인을 일본사회의 민족차별에서 찾고 있었다.

따라서 차별을 누그러뜨리면 일본 사회에 대한 반발도 약해져 그 결과로서 귀화에의 저항도 적어진다고 생각하여 사회보장, 취직 등 모든 생활 상의 차별을 철폐하고 자치체 선거권을 부여하는 것까지 제언하고 있다.

당시 이 논문은 동화에의 길로서 오로지 비판의 대상으로 여겨지고 이 이후 재일조선인의 권리 획득, 민족 차별 철폐운동까지도 동화를 촉진하는 것으로 비판되게 되었다. 민족차별 철폐운동이 직접 동화를 촉진하는 것이 아니라 오히려 동화에 저항하는 길이라고 하는 것은 이미 그 후 실천 속에서 검증되어 여기서 논의할 필요는 없다.

그러나 1991년 문제에 대한 일본 정부의 본심이 '전면 일본국적화'가 아닌가라는 추측도 또한 그 후의 경과를 더듬어보는 과정에서 서서히 설득력을 갖기 시작했다. 사카나카 씨가 제언한 국적인권 규약 비준, 발효는 2년 후 1979년에는 현실적인 것이 되었고 자치체 직원의 국적조항 철폐에 크게 힘을 얻어 각종 공적 융자제도, 공단/공영주택, 국민체육대회 등의 문호가 개방되었다. 더 나아가 1982년 국제연합의 난민조약 발효에 맞추어 특례영주 신설, 국민연금/아동 수당관련 법 개정, 국공립대학 외국인 교원채용법 성립 등 제도상의 국적제한이 계속해서 없어지게 되었다.

그리고 1985년에는 여성차별철폐조약에의 비준, 발효에 따라 국적법이 개정되었다. 여기서 주목해야 하는 것은 가열 그 대상이 혼혈자에 대해서였든 일본국적을 자유의지로 선택할 수 있는 제도를 마련했다는 점에 있다.

재일을 어떻게 살 것인가

망설임, 초조함 그리고 희망

[「在日」をいかに生きるか] 躊い、苛立ち、そして希望

페이지
81-88

필자
문경수
(文京洙, 1950~)

키워드
재일, 고도성장, 내면세계, 소우주

해제자
전성곤

문경수는 재일한국·조선인 2세로서 정치학자이다. 리쓰메이칸대학(立命館大学) 국제관계학부 교수이다. 전공은 한국정치사이다. 이 글은 전후 일본의 고도성장기가 만들어 낸 일본인들의 좁은 세계관에 대해 적고 있으며, 그러한 문제가 배경이 되어 일본인들이 타자와의 교류를 어떻게 해 가야할지에 대해 문제제기를 하고 있다.

1970년대는 내가 성인으로서 마주한 최초의 10년이었다. 나는 이 문장에서 그런 세대의 한 사람 입장에서 재일조선인의 모습에 대해 생각하는 바를 적고자 한다. 그렇다고 해도 나는 자신이 그 세대를 대표하고 있는 인간도 아니다. 내 발상의 질이나 사물을 보는 시야는 그러한 세대의 한사람이라는 것과 그 이외에 도쿄 미카와시마(三河島)에서 자라고 민족교육을 받았다는 것, 실적은 거의 없는 사회관계통의 연구자라는 것, 처자식이 있고 맞벌이라는 것 등등 여하튼간에 그러한 내 자신의 생활과 관련한 여러 가지 사실에 의해 자연스럽게 한정된다.

그것에 재일 문제를 운운하는 것에 대해서는 내 자신에도 결정하기 어려운 무언가 본질적인 망설임이 있으며 솔직하게 말해서 마음 편하지가 않다. 단, 그런 제약이나 불안이 있다고 해도 그것 나름대로 문제에 대해 다가가는 법이 입을 것이라고 생각하고 있다.

지금 내가 살고 있는 이 나라는 세계 GNP의 거의 1할을 차지하고 선진국 서민의 멤버 국인 '경제대국'이다. 이 경제 대국에의 도정을 준비한 '고도경제성장'은 이 나라에 사는 사람들에게 있어서는 그 생활 의식, 양식을 일변시키는 미증유의 역사적 경험이었다. 나는 이 문장에서 내가 말하려고 하는 것의 하나의 복선으로서 고도성장이라는 '향연' 후의 사람들의 생활양식이나 가치관의 변화를 내 나름대로 설명해두고 싶다.

고도성장 후 사람들의 의식변화로서 자주 지적되는 것의 하나는 '일본인이 다시 민족의 자신감을 되찾는 계기가 되었다'(『현대일본인의 의식구조』, NHK방송 여론조사편)는 것이다. 사람들은 지금은 경제대국의 일원으로서 자긍심을 갖고 행복감이 절정에 있어 외국 특히 가난한 나라들에 대해 멸시와 모멸의 풍조도 눈에 띄기 시작하고 있다. 그렇지만 그러한 대국의식의 배후에 우리들이 목격하는 것의 대부분은 개별화 된 개인의 황량한 내면세계이다. 학교나 직장에서 왕따 당하는 것에 대한 공포, 테크놀로지 세계에서의 소외감, 편차사회의 경쟁력 압박, 그리고 과밀도시에의 불안과 무력감, 이 사회에서는 그러한 개인의 내면의 비참함을 보여주는 징후들은 많으며 그것은 우리들 재일조선인의 내면도 확실히 좀먹고 있다.

고도성장 후 개인의식의 모습으로서 반드시 지적해두어야 할 것의 하나는 흔히 말하는 '사생활 중심주의'이다. 그것은 한마디로 말하면 공동체로부터 해방된 개인의 의식이 '사회에의 확대나 사회와의 관계를 단절한' 닫힌 '소우주'에 '매몰'(앞에 소개한 책)해 가는 것이다. '국체'나 공동체로부터 개의 자립은 '전후 민주주의'가 내건 기치 중 하나인데, 자립한 '나'의 일상적 관심이 '공(公)'=사회 그것에 등을 돌려, 타자의 그것과 단절한 '사생활'의 장소에 고정시키는 것에 고도성장 후의 개인의식의 특징이 있는 것으로, 그것은 사회적 자치의 주체로서의 시민상과는 거리가 있는 것이 아닐 수 없다.

고도성장은 그런 식으로 사람들의 의식을 '사생활'이라는 좁은 틀 속에 가두면서 사람들의 물질적인 생활 과정에 대해서는 그 국제화를 진행시켰다. 그리고 이 국제화란 사람들의 생활과 생활이 국경을 넘어 긴밀하게 연결되는 것으로 함께 손을 잡고 살아가지 않으면 안 되는 사람들이 지구로 확산해 가는 것이었다. 즉 고도성장은 경제생활의 국제화라는 국경을 넘어 생활자끼리가 넓은 시야에 서서 연대할 수 있는 혹은 연대하지 않으면 안 되는 조건을 만들어 내고 있었다. 그럼에도 불구하고 이 사회에는 '사생활주의'가 풍미하여 각자는 오로지 좁은 범위의 생활상의 편리나 쾌적함을 추구할 뿐이었다. 그리고 그러한 상황과 주체의 괴리를 어떻게 메우고 이웃 사람들 뿐 만이 아니라 눈에 보이지 않는 타자의 역사적 공감에의 상상력을 어떻게 기를 것인가, 이 사회는 그런 과제에 직면하고 있다.

재일을 어떻게 살 것인가

「재일」에 미래는 있는가

[「在日」をいかに生きるか] 「在日」に未来はあるか

강상중은 구마모토현(熊本県) 출신으로 재일 한국인 2세이다. 와세다대학(早稲田大学) 정치경제학부를 졸업하고, 박사과정을 수료한다. 지도교수인 후지와라 야스노부(藤原保信)의 조언에 따라 독일 에를랑겐(Erlangen)대학에 유학한다. 귀국 후에는 메이지가쿠인대학(明治学院大学) 강사로 활동한다. 이후 도쿄대학 교수, 도쿄대학 현대 한국연구센터장을 거쳐 세이가쿠인대학 총장을 역임했다. 이 글은 일본 내에서 재일한국인 2세와 3세가 증가하며 정주하는 현상을 두고, 정주 외국인이 삶에 대해 의견을 적고 있다.

페이지
102-107
필자
강상중
(姜尚中, 1950~)
키워드
'정주화', '정주외국인', '재일조선인', 조국지향, 민족경계
해제자
전성곤

「재일」은 지금, 미증유의 변화의 파도에 씻겨지고 있다. 전후 40여년 일본에서 태어나고 자란 2세, 3세가 '재일'의 80% 이상을 차지하는 현실 속에서 '정주화'가 기정사실로서 되어가고 있다. 일제 36년을 넘는 전후 시간의 흐름과 함께 '재일'의 젊은 세대에게 있어서는 '기우(寄寓)의 땅'이 정주의 땅으로 변해가는 것은 어떤 의미에서는 자연스러운 흐름이라고 말할 수 있기도 하다.

그러나 이 추세를 불가항력의 사실로서 용인하고, 재일의 미래를 단지 그러한 사실의 연장으로서만 구상할 수 없다고 한다면 그곳에 기다리고 있는 것은 재일의 사실 상의 소멸과도 같은 암담한 미래 그림일 것이다. 긴요한 것은 변화하고 있는 재일의 개관적 조건을 흐림이 없는 눈으로 보고 그 속에서 새로운 아이덴티티의

창조를 할 수 있는 방법=주체적 생활 모습과 그것을 구체적으로 살을 붙여갈 수 있는 것이 가능한 재일에 독자의 민족적 문화를 키워가는 것은 아닐까.

그런데 그러한 과제는 '재일'의 존재 조건을 빼고는 말할 수 없다는 것을 말할 것도 없다. '정주외국인'으로서의 '재일조선인'이라고 할 때 그것은 어떠한 '멍에' 아래에서 살아가는 것일까. 한마디로 말하면 그것은 남북으로 분단된 조국에서 물리적으로 소격(疏隔)되는 한편 거주지 일본에서 차별의 스티그마를 강요당하고, 끊임없이 자기 해제의 위기에 직면한 해외정주 동포의 현상 총체를 가리키는 것이다. 이것은 '재일조선인'이 남북 조선, 일본, '재일'이라는 중층적인 여러 조건 아래에 놓여진 '사이'를 사는 양의적인 혹은 다의적인 존재로서 남북조선과 일본의 자장에서 발산되는 강력한 자력에 찢겨지지 않는 마지널 그룹이라는 것을 의미하고 있다.

이 상극에서 탈각하는 방도로서 지금까지는 조국에의 동경을 동반한 귀의가 있었고, 또한 그 대극에는 일본에의 동화, 귀화가 있었다고 생각한다.

그렇지만 정주화와 함께 조국지향을 생활의 실감에서 동떨어진 선택으로밖에 느끼지 못하고, 다른 한편에서는 민족의 경계를 애매하게 한 채로 흘러가듯이 일본인으로 경사해 가는 젊은 세대가 세력을 키워가고 있다. 그것은 시각을 달리하면 젊은 2세, 3세 속에 보이는 낙천성이라고 말 못할 것도 없다.

그러한 자연적인 흐름을 가속화하고 있는 것을 말할 것도 없이 일본의 '국제화'의 흐름이다. '정주외국인'에 관련된 논조도 대체적으로 이 '자연스러운 현상'에 맡겨버리고 있는데, 여기에는 몇 가지 문제점을 내포하고 있으며, '정주화'를 전제로 한 재일조선인 아이덴티티 창조에 곤란한 장애를 드리우고 있다.

아베 요시시게의 조선관

安倍能成の朝鮮観

이 글은 신바 리카가 조사한 식민지시기 경성제국대학(京城帝国大学) 교수 아베 요시시게론에 보이는 조선관에 대해 적고 있다. 기존에 나왔던 아베 요시시게의 논리를 정리하면서도 아세 요시시게가 가진 편견없는 조선관에 대해 기술한다.

여러 입장에서 일본인의 조선관에 대해 많은 논문이 발표되고 있는데, 이번에는 철학을 전문적으로 연구하고 교육자로서 15년간 조선생활을 보냈고 전후에는 문부대신(文部大臣), 제실(帝室)박물관장, 가쿠슈인(学習院) 원장을 역임한 자타가 공인하는 리베럴리스트인 아베 요시시게(安倍能成)의 조선관을 다루고자 한다.

아베 요시시게와 조선에 대해 지금까지 발표된 논문으로서는 이가라시 아키라(五十嵐顕)의 「재일조선인의 교육문제와 전후 일본의 교육 반성에 대해(在日朝鮮人の教育問題と戦後日本の教育反省について)」(『국민교육』제35호, 1966년)와 가지이 노보루(梶井陟)의 「아베 요시시게와 조선－조선어를 생각한다(최종회)(安倍能成における朝鮮一朝鮮語を考える(最終回)」(『계간 삼천리』 제19호, 1979년)이 있다.

본 글에서는 이러한 이가라시와 가지이 씨의 논문을 답습하면서 아베가 조선을 소재로 하여 쓴 수필을 검토하고 또한 아베의 조선인과의 관련성이나 같은 시기를 조선에서 보낸 일본인 친구와의

페이지
120-127
필자
신바 리카
(榛葉梨花, 미상)
키워드
아베 요시시게
(安倍能成),
경성제국대학, 지배자,
조선관, 편견
해제자
전성곤

비교 등을 통해 아베의 조선관이 가진 의미에 대해 생각해 보고자 한다.

아베 요시시게는 1916년부터 1940년까지 15년간, 경성제국대학 교수로서 조선에서 지냈다. 귀국 후에 저술한 것을 포함해 6권의 수필집 성격을 그는 다음과 같이 논했다.

> "타국인 조선에 와서 일본과는 다른 국정(國情), 인정, 풍속, 문화에 직접 접하고 일본의 문화에 대해 생각하는 것이 많았고, 그것이 구체적인 풍속 습관과 관련이 깊다는 것을 보고, 그 형식으로서 학적(學的)인 논문보다도 생각나는 것을 생각나는 대로 자유롭게 표현할 수 있는 수필류의 문장을 쓰는 경우가 많아졌다"(『나의 출생』)

이들 저작을 검토하는 작업은 아베의 조선관을 고찰하는 것에 그치지 않고 일본에서 조선에 이주해 간 일본인의 생활이나 의식, 더 나아가서는 당시 지식인이나 교육자들의 조선관을 추찰하는데 커다란 단서가 될 수 있다. 그리하여 조선관을 잘 표현하고 있는 것을 골라서 검토하기로 한다.

아베는 경성제국대학 교수로서 일본의 식민지정책에 담당자 중 한사람이라는 것을 의식하고 있었다. 그리고 조선의 아름다운 자연이 '급속도', '무사려(無思慮)', '무계획'으로 파괴되어 가는 것을 매일 보면서 '이 경성이 우리 일본인의 손에 의해 과연 잘 만들어져 가고 있는가 걱정이 되지 않을 수 없다'고 걱정했다. 여기에서 그의 지배자 측의 한 사람으로서 그리고 경성을 사랑하고 그곳에 사는 한 사람의 고뇌를 엿볼 수 있다. 그러나 '여행자'로서의 입장을 관철한 그의 행동 방식은 일종의 도피이기도 했다.

한국 병합 후 위정자들은 식민지지배를 정당화하고 합리화하기 위해 모든 정치 선전을 강화했다. 어용언론인을 사용하기도 하고 국민에게 잘못된 조선 및 조선인 상(像)을 침투시킨 것도 그 일환이었다. 그 속에서 생겨난 편견이나 무책임한 차별감정에 의해 국민들은 조선에 관해 올바른 인식을 가질 수가 없었다. 그런 와중에 아베 요시시게는 적어도 편견이나 차별의식을 갖지 않고 조선을 이해하려고 노력했던 한 사람이었다.

보내지 못한 원고

送らずじまいの原稿のこと

안우식은 문예평론가이다. 도쿄에서 태어나 와세다대학교(早稲田大学)을 중퇴하고 조선대학교에서 가르쳤다. 그 후 문예평론가, 번역가로 활동하면서 J.B 오비린대학교(桜美林大学) 교수를 역임하고 명예교수로 재직했다. 이 글은 8·15 해방 특집호 원고청탁을 받은 것에 대해 답변하지 못한 입장을 적고 있다. 일본 내에서 생겨난 '일본 속의 한국 붐'이 과연 식민지배에 대한 문제를 어떻게 연결시켜 해결해 가야 할지에 대해 기술한다.

페이지
176-181

필자
안우식
(安宇植, 1932~2010)

키워드
8·15 해방, 특집호, 한국 붐, 식민자, 피식민자, 혐오

해제자
전성곤

『계간 삼천리』가 통권 50호를 맞이했다. 동시에 50호를 13년에 이르는 그 역사에도 막을 내리려고 한다. 이 뉴스를 접하고 애석해 하는 목소리도 전해지는데, 한 사람의 기고자인 필자 곁으로도 그 소식이 전해진다.

어느 K기자가 작년 봄에 도쿄에 왔다. 그로부터 전화를 받고 도쿄 도내의 한 호텔 커피숍에서 만난 필자는 K기자와 한때는 부담 없이 이야기를 주고 받았던 사이다. 그런데 그는 가방 케이스를 넘겨주며 그 위에 접혀있는 편지를 꺼내어 테이블위에 펼쳤다. 그것은 '원고 청탈서' 즉 원고 의뢰서였다. 표제란에는 '일본 속의 한국 붐, 그것을 어떻게 볼 것인가(가제)'라고 써 있었다. 말하자면 K기자의 용건은 이러한 테마로 필자에게 30매정도 분량의 논문을 S지 8월호에 기고해 달라는 내용이었다.

8월호라고 하면 8·15 해방특집호라는 것이 된다. 이 테마를 보면 특집호 전체의 성격은 자연스럽게 드러난다. 그렇지만 필자는 '쓰겠다'고 즉답을 할 수가 없었다. 아니 오히려 당혹해했다. 특집호 전체 이미지는 명료하다고 하지만, 주어진 테마의 의미가 확실하게 알 수 없었기 때문이다. 일본에서 '한국 붐'이라고 부를만한 현상이 생겨났다고는 도저히 생각할 수 없었기 때문이다.

그래서 확인을 위해 몇 가지 질문을 했다. 그러자 곧바로 '출판물로 발간할 것이다. 이번에 처음으로 도쿄에서도 그래도 크다고 하는 서점을 골라서 돌아보았는데, 어느 서점에 가 보아도 한국 관련 출판물이 하나의 코너에 모여 있고 쌓여 있었다. 게다가 출판물 종류도 실로 다방면에 걸쳐 있고'라고 설명해 주었다. K기자의 설명은 그 나름대로 필자를 납득시키기에 충분한 점도 있었다. 도쿄 도내의 눈에 띄는 서점에는 대체적으로 한국/조선 관련 서적 코너가 마련되어 여러 장르의 출판물이 진열되어 있다는 것을 필자도 모르는 바는 아니었기 때문이다. 게다가 1970년대 중반까지 극히 한정된 장르를 제외하고는 조선 관련 서적은 장사에 도움이 안 된다는 것이 출판업계의 잘 알려졌던 사실을 상기하면 작금의 이러한 모습은 틀림없이 격세지감을 느끼게 하는 현상이라고 말할 수 있다.

가령 이것을 '일본 속의 한국 붐'이라고 간주한다면 그건 출판물에 한정된 현상은 아니다. 조용필, 이미자, 나훈아 등 그 외의 한국 가요, 판소리나 사물놀이 등 전통 민속예능도 있고, 불고기부터 김치, 소주 진로에서부터 라면에 이르기까지 음식종류도 있다. 그리고 영화도 있으며 더 나아가 고대관계사, 도자기, 한글, 스포츠 등 여행업자나 관광안내 등 캐치프레이즈 등 어느 정도는 '한국이 재미있다', '지금 서울이 자극적'이라고 하는 '일본 속의 한국 붐'을 추동하는 현상에 빠지지 않고 있다.

그럼에도 불구하고 오늘날 출판문화에 나타나는 조선에 대한 이전에 없던 관심의 고양을 필자가 '일본 속의 한국 붐'을 수용하기에 꺼려지는 것은 그것이야말로 정상이라고는 말하기 어려운 양자 관계를 상징하는 현상이라고 말하지 않으면 안 되기 때문이다. 말할 것도 없이 그것은 1910년부터 45년에 걸쳐 양자가 식민자와 피식민자의 관계에 있었던 것에 의한 것이 크다. 그렇기 때문에 전후는 일본인의 경우는 식민자였던 것에서 생겨난 피식민자에 대한 죄의식이나 꺼림칙함이 있고 반면 조선인의 경우에는 피식민자 체험이 가져온 식민자에의 혐오나 반감, 콤플렉스 등이 개개인의 내면에 그 심리에서 갖가지 작용을 미치고 있다.

좌담회

『계간 삼천리』13년

[座談会]『季刊三千里』13年

이 글은 『계간 삼천리』 종간을 앞두고 지내온 13년간을 되돌아 보면서, 다시 한 번 『계간 삼천리』에 담고 있는 역사적 의미에 대해 대담형식으로 기술한다.

13년간의 변화

이진희: 이전 호에서 예고한 것처럼 『계간 삼천리』는 본 호(제50호)를 마지막으로 종간하게 되었다. 10년은 이어가자라고 생각하며 시작했는데, 13년간 계속해 왔다. 오늘은 『계간 삼천리』 13년에 대해 논해보고자 한다.

이누마 지로: 잘 이어왔다. 매호마다 이 만큼 충실한 잡지를 13년간 계속 간행한 것은－나는 내가 편집을 담당해 본 잡지(『조선인』) 경험이 있는데－기적이라고 말해도 과언이 아닐 것이다.

쓰루미 슌스케: 마지막까지 달려왔다. 내 느낌은 이만큼 충실한 내용이니 판매 부수는 떨어지지 않을 것 같다.

이진희: 창간 때에 비하면 판매부수가 떨어졌다. 본지가 창간된 것은 1972년 7·4 남북공동성명 이후인데, 남북 분단을 고정화하는 방향이 아니라 그것을 억지하는 방향에서 잡지를 만들어가고자 시작했다. 그리고 일본과 조선의 관계를 '일본 제국주의 운운'이라는 엄격한 형태가 아니라 담담하게 이야기를 할 수 있는 관계를 만들

페이지
250-260

필자
이누마 지로(飯沼二郎),
쓰루미 슌스케
(鶴見俊輔),
이진희(李進熙)

키워드
종간,
7·4 남북공동성명,
가교, 국적법문제,
국제인권규약, 연금문제,
지문날인거부문제

해제자
전성곤

어 가는 것, 이 두 가지를 큰 기둥으로 하여 편집을 해 왔다.

이누마 지로: 그 자세는 1호부터 계속 관철되고 있다. 남북 체제에 구애받지 않고 자주적인 태도를 취한다는 것은 지금은 간단하게 말할 수 있지만, 『계간 삼천리』 창간 다시에는 그것을 말하면 대단한 것이었다. 그러한 곤란을 깬 것은 『계간 삼천리』였다고 생각한다. 매호 실로 많은 일본인을 발굴하고 조선에 대해 이야기하도록 했다. 그것을 읽고 일본인 대부분이 조선에 대해 어떤 형태로든 관계를 맺게 된다는 것을 실감하게 되었다. 특히 '가교'란 수필 등은 말 그대로 일본인의 가장 양질적인 부분의 글이라고 생각한다. 또 하나는 시사문제이다. 국적법문제, 국제인권규약에 근거한 연금문제, 지문날인거부문제라던가 재일조선인에 있어서 가장 중요한 문제를 다루고 적확하게 설명하고 있다. 이번에 새로 일관되게 새로 읽어보니 내 나름대로 특집 분석을 시도해 보니, 일본과 조선에 관계된 것이 17회, 조선근현대사가 15회, 조선문화가 3회, 고대한일관계사가 2회, 가장 많은 것이 재일조선인이 본 호를 포함해서 13회이고, 가장 많은 것이 일본과 조선과의 관계, 그 다음이 조선근현대사, 세 번째가 재일조선인문제이다.

이진희: 남북 정치체제 문제도 있지만, 일본 사회가 조선 그 자체를 더 알고 싶어 하는 것에 의해 제30호에서 '조선의 예능'을 특집으로 꾸몄는데, 그 때는 집필자를 찾는데 크게 고생했다. 현재는 사물놀이 등 조선 예능을 흥업화 하기에 이를 정도로 관심이 높아지고 연구하는 사람이나 서책도 많이 나오게 되었다. 그런 의미에서 이 13년간은 크게 세상이 변했다고 생각한다.

이누마 지로: 도쿄와 오사카에 '우리문화연구소'가 생겼다. 이곳 멤버가 우리들 모임에 와서 장구를 치기도 하고 조선 노래나 춤을 피로해 주기도 한다. 이것이 교토 주민의 조선문화나 예능에 대한 이해와 관심을 깊게 해주고 있다.

이진희: 이전에는 '규탄한다'는 형태로 자기주장이 많았는데 최

근 젊은이들은 자신 내부에 '조선'을 자연스럽게 꺼내게 되었다.

이누마 지로: 자신이 생겼다는 것이다.

이진희: 그렇지도 모른다. 지문날인 거부한 최근의 젊은이들은 분노하기보다는 '싫어서 날인하지 않는다'는 식으로 행동하게 된 것이다.

이누마 지로: 오사카는 재일조선인이 많다. 이전에는 일본 소학교 교사는 자신 학급의 학생이 조선인이라는 것을 알아도 침묵하는 것이 애정이라고 생각했다. 그런데 최근 교육현장에서는 '본명을 부르는 교육'으로 변해갔다. 소학교 때부터 상호간에 외국인이라는 것을 인정하고 사이좋게 지내는 그것에는 조선문화를 알아야 한다고 하여 실천교육 발표회를 열기도 한다. 오사카의 시외교(오사카시 외국인 교육 연구 협의회)가 실시한 발표회 등도 작년에는 하루만에 끝내지 못해 이틀에 걸쳐 진행되었다.

종간사

週刊のことば

앞 호에서 예고한대로 본지 『계간 삼천리』는 본호(제50호)를 마지막으로 종간하게 되었다. 창간 이래 13년간 우리들은 '창간사'에 실었듯이 1972년의 7·4 남북공동성명의 정신을 이어 통일조선에 대해 절실한 염원을 담아 본지를 편찬해 왔다. 남북 의 평화적 통일은 처음부터 간단하게 실현할 수 있는 문제가 아니라는 것은 잘 알고 있었지만, 남북 대화가 진척되고 화해를 향해 일보 다가가도록 노력하는 것이 우리들의 당연한 의무였기 때문이다.

이 사이에 본지에 대한 갖가지 중상모략이나 비난도 있었다. 그러나 우리들은 '다양함 속의 통일'을 목표로 실사구시의 방침을 견지했다. 먼 여정이었는데 우리들은 이후에도 통일조선을 목표로 계속 걸어갈 것이다.

창간 이래 우리들은 한일 양민족 사이에 복잡하게 얽혀있던 엉켜진 실타래를 풀고 상호이해를 깊게 해가고 싶다는 바람을 담아 지면을 만들어 왔다. 그리하여 조선의 역사나 문화, 교과서 문제, 재일조선인의 문제 등을 특집으로 꾸몄는데, 1720명 정도가 집필자나 좌담회에 참가 해주었다.

그리하여 본지 게재 논문으로부터 20여권의 단행본이 나왔고 간행 준비 중에 나온 것도 몇 권이 된다. 또한 NHK에 조선어 강좌를 개설를 진행하고 조선 문화나 역사, 교과서 문제에 대해 시민강좌를 개최하기도 했다.

페이지
288

필자
편집위원회(강재언, 김달수, 서채원, 이철, 이진희, 서동호, 사토 노부유키, 위량복)

키워드
13년 간, 남북 대화, 화해,
NHK에 조선어 강좌, 상호이해

해제자
전성곤

그러나 작년에 후지오 전 문부대신의 발언에서도 알 수 있듯이 엉킨 실타래를 풀기에는 너 노력하지 않으면 안 된다고 생각하게 되었다. 다행히 이웃나라를 올바르게 보려고 하는 사람들이나 젊은 연구자가 매년 늘어나고 있다. 또한 재일2세, 3세의 목소리도 착실히 높아져 가고 있다. 상호이해를 깊게 하기 위한 가교는 그들에 의해 강고하게 구축되어 갈 것이다.

제50호 종간까지 순조롭게 간행해 온 것은 오로지 집필자 분들과 독자 여러분의 성원과 지원 덕택이다. 종간에 즈음하여 여러분들에게 지심으로 감사의 인사를 드린다. 감사합니다.

1987년 5월 1일 『계간 삼천리』 편집위원회

온돌방

おんどるばん

페이지
308-311
필자
나카무라 마모루
(新木厚子),
니시오카 쓰토무
(西岡勉),
기유나 마사시
(喜友名詞正),
이와타니 류존
(岩谷隆存),
조도 다쿠야
(浄土卓也),
마루야마 다다시
(丸山忠),
다카시마 노부요시
(高嶋伸欣)
키워드
사회과 교원,
연변지구,
헤이그 밀사 사건,
김달수, 강덕상,
'민제화(民際化)'
해제자
전성곤

『계간 삼천리』를 기초로 도쿄도(東京都) 하치오우지시(八王子市)·나카무라 마모루(新木厚子)·고교 교원·43세

귀 잡지 창간호를 쭈뼛쭈뼛하면서 산 것은 야마나시현(山梨県) 오쓰키시(大月市)의 서점이었다고 기억한다. 이후부터 정기구독자가 되었다. 귀 잡지는 좀 보태어말하자면 내 인생의 중요한 부분을 차지하게 되었다. 매호 제기하는 문제들은 종간이 된다 하더라도 내 자신의 과제로서 무겁게 자리잡고 있을 것이다. 올해 2월 중순 사회과 연구회가 있었는데 발표자로 참가했던 나는 '최근 일본과 아시아(특히 조선, 중국, 동남아시아'와의 관계 속에서 사회과 교원으로서 아시아 사람들로부터 질문당한 문제들을 어떻게 수업 속에 자리매김 시켜 실천해 갈 것인가'라는 내용으로 보고를 했다. 내 자신 스스로의 실천 보고형식으로 진행되었는데 그 중에서 귀 잡지를 언급하여 『계간 삼천리』를 알고 있는지를 물었다. 20여명 정도 사회과 교원들 중에 알고 있었던 것은 한 사람이었다. 87년 봄 교육현장은 아직도 멀었다는 생각이 드는 상황이었다. 이런 상황 속에서 '종간'이라고 하는 것은 등이 갑자기 꺼진 것 같은 느낌이 들었다. 그러나 인간은 타인에게 의지만 해서는 안 될 것이다. 엉클어진 실타래를 원래대로 되돌리고 차별적 관계를 대등의 관계로 해가지 않으면 안된다. 『계간 삼천리』 50권을 기초로 하여 구사해가지 않으면 안된다. 귀 잡지의 뜻을 미력하나만 교육 현장에서

살려가고 싶다. 아침까지는 밤이 깊지만 여기저기에서 등을 밝혀 가고 싶다.

40년전의 감사인사 후쿠오카현 다가와군(大田区)· 니시오카 쓰토무(西岡勉)· 57세

나는 작년 9월 8일, 40년 만에 중국 동북지방 연변지구를 방문했다. 40년 전 5월의 일이다. 나는 연길 일본인 포로수용소를 반죽음 상태에서 석방되어 팔로군의 안내로 이틀간 계속 걷다가 연길 남서50키로 떨어진 산촌에 도착했다. 이 산촌은 조선인 촌락이었는데 약 4개월간 가족과 같은 대접을 받았다. 고기나 계란 그리고 신선한 야채 등등 충분한 영양식을 대접받았고 목숨을 건질 수 있었다. 조금 힘이 나자 농사짓는 일을 도왔다. 나는 당시 16살이었다. '일본인, 일본인'이라고 불리면서 매우 친절하게 대해 주었다. 나는 당시의 온정을 잊을 수 없어 40년 만에 이 마을(현재는 없어짐)을 방문하여 지금음 돌아가셨기 때문에 그 위폐에 묵도를 하고 신세를 진 분의 장남, 삼녀를 만나 감사의 인사를 할 수 있었다. 귀 잡지의 49호에 오무라 마스오 씨의 「중국연변 생활기(3)」이 게재되어 있는 것을 알고 구입했다. 전호, 전전호의 연재도 읽을 예정이다.

헤이그 밀사 사건에 대한 생각 나하시(那覇市)·기유나 마사시(喜友名嗣正)·무직·69세

『계간 삼천리』 제49호를 읽었다. 진지한 편집 방식을 보고 창간호 취지도 충분히 살렸다고 생각한다. 특히 유효종(劉孝鐘) 씨의 「헤이그 밀사 사건」은 류큐에서도 메이지 초기 일본 침략에 대해 류큐의 애국지사 린세이코(林世功)가 중국에 밀항하여 청나라에 구원을 요청하며 자도(自刀)한 혈사(血史)가 있어 매우 흥미롭게 보았다. 일본의 류큐에의 경제침략은 『황명실록』에 기록되어 있다.

귀 잡지가 종간을 예고했는데, 언젠가는 남북 민중에 의한 통일의 숙원이 관철되기를 기대하고 귀 잡지가 복간될 것을 눈을 크게 뜨고 기다리고 있다. 그동안 고생이 많았다.

진실을 아는 즐거움 가와사키시(川崎市)·이와타니 류존(岩谷 隆存)·자영업·72세

『계간 삼천리』를 처음으로 손에 넣은 것은 1975년 겨울 제4호 때이다. 이때부터 계속해서 조선이나 한국 이름이 붙은 책은 모두 읽었는데, 읽으면 읽을수록 흥미로워져서 일본 고대사를 다시 보는 기회를 얻게 되어 감사해 하고 있다. 특히 김달수 씨의 저작은 전부 읽었다. 하나 하나 수긍이 가는 것이 많고 그 덕분에 여행을 가는 장소마다 반드시 신사나 절을 찾아가곤 한다. 그건 그렇다 하더라도 '한일병합' 이래 아마 일본의 정책이라고 생각하는데, 조선 연구를 일체 금지한 것에 대한 죄는 매우 크다. 일본인으로서 부끄럽게 생각하고 있다. 역사를 뒤틀리게 하여 가리키는 것은 국가의 방향이 잘못 나아가는 것이며 절대로 용서해서는 안된다. 내가 속해 있는 그룹에서도 가능한 한 기회가 있을 때마다 일본문화 루트는 조선에 있다는 것을 강조하고 있는데, 최근 동료들도 이에 주목하기 시작했다. 여유와 돈이 있다면 경주에도 가보고 싶은데 지금은 실행할 수 없어 유감스럽다. 『계간 삼천리』와 김달수 씨의 책으로 만족하지 않으면 안 된다. 오늘 서점에 들르니 귀 잡지 제49호사 눈에 들어와서 구입하였다. 거짓으로 둘러싸인 세상 속에서도 진실을 알 수 있는 즐거움은 매우 크다. 아직 제49호를 다 읽지 못했는데 아마 새로운 것을 발견할 수 있을 듯하다.

가교의 역학 가가와현 가가와군(香川県 香川郡)·조도 다쿠야(浄土卓也)·교사·48세

그냥 놀랄 뿐이다. 다음 제50호를 마지막으로 종간이라니. 처음

부터 그럴 예정이었다는 것을 모르고 있었다. 월간지가 되어 주면 좋겠다고 생각하며 기대하고 있던 나에게는 표현할 수 없는 서운함이 올라온다. 이만큼 폭넓은 입장에서 조선에 관련된 것을 소개해 준 잡지는 존재하지 않기 때문에 제50호로 마침표를 찍는 것은 매우 유감스럽다. 『계간 삼천리』에 실린 그 어떤 논문도 모르는 것들 투성이였는데, 제49호도 매우 흥미롭게 읽었다. 특히 신미사(辛美沙) 씨의 '미국 사회의 조선인', 강덕상 씨의 '서울에서 잠자는 두 일본인' 등이 인상적이었다. 오랫동안 고생이 많았다. 일본인과 조선인의 가교 역할을 충분히 이루어왔다고 생각한다.

가교가 되었다. 도쿄도 이타바시구(板橋区) 마루야마 다다시(丸山忠) · 자영업 · 40세

수년 전부터 본 잡지를 매호 읽고 있다. 나는 이전에 미국에서 몇 년간 산적이 있어 다른 사람들보다 몇 배 더 국가라던가 민족이라는 것에 관심을 갖게 되었다. 일본에 사는 최대 외국인인 조선인을 다루고 있는 귀 잡지를 알게 되었다. 귀 잡지는 매우 힘에 넘치고 여러 분야를 다루며 조선인과 우리 일본인을 가깝게 해주는 가교가 되어 주었다고 생각한다. 제50호로 종간하게 된 것은 매우 유감스럽다. 금후 귀 잡지와 같은 잡지가 다시 나오기를 기대한다.

'민제화(民際化)'에 있어서도 종간은 아쉬움을 남긴다. 요코하마시(横浜市) · 다카시마 노부요시(高嶋伸欣) · 교사

권말 사고(社告)에서 제50호를 마지막으로 종간한다는 것을 알고, 매우 아쉬운 생각이 들었다. 임시교육심의회(臨時教育審議会)를 비롯해 뭔가 '국제화'가 강조되고 있는데, 그것을 떠드는 사람들은 국경을 넘어서의 교류를 국가의 산하에서 실시하는 것이라는 의미에서 말하고 있는 듯 하다. 그것에 비해 민중 레벨에서의 교류를 활발하게 실천하는 것이 진정한 국제이해를 심화시키고 그

것이 결실을 맺어 평화를 지키는 힘이 되는 것이 아닐까. 그러한 의미에서 지금이야말로 '국제화'가 아니라 민제화(民際化)가 중요하다고 생각한다. 그러한 방향으로 꾸며 온 것이 『계간 삼천리』였다고 말할 수 있을 것이다. 이 시기에 종간한다는 것은 매우 유감스러운 일이 아닐 수 없다. 꼭 제2기의 『계간 삼천리』를 실현시켜 주기를 기대한다.

종간에 즈음하여

終刊に寄せて

이미 제49호에서 예고한 것처럼 본 잡지에서는 「재일조선인의 현재」를 특집으로 꾸미고 종간을 맞이하게 되었다. 우리들은 '재일 조선인'의 입장에서 본국과 관련하면서 일본과도 관련하고 또한 해외에 있는 동포들과도 관계해 왔던 것에서 종간호에 걸맞은 당연한 기획이라고 생각하고 있다. 또한 다음 세대를 짊어질 젊음 재일 세대에도 기대를 하고 있다.

종간 예고가 본지 제49호 및 『아사히신문』 칼럼 '점묘(點描)'에 보도된 이후 많은 사람들로부터 종간을 진심으로 애석해 해 주는 전화나 편지를 받았다. 1975년 2월에 본지가 창간된 이래 13년 동안 여러 가지 고생한 추억들도 많고 편집위원들의 흰머리가 눈에 띄게 늘은 반면, 주량은 줄어들게 되었다.

그러나 많은 집필자나 독자들로부터 응원의 말을 들으면 아직도 할 일이 많은 것은 아닌가하고 반성하게 된다. 파란이 많았던 본지의 편집에 관여했기 때문에 편집부의 사토 노부유키 씨나 위량복 씨의 마음 고생은 보통이 아니었을 것이다. 특히 사토 노부유키 씨는 본사 유일의 일본인으로서 창간 이래 우리들과 함께 고생을 해 왔다. 우리들 일동은 진심으로 감사를 드린다. 바라는 것이 있다면 우리들이 남긴 것을 젊은 세대들이 언젠가 이루어내 주기를 기대하는 바이다. (편집위원 강재언)

페이지
312

필자
강재언
(姜在彦, 1926~2017)

키워드
「재일조선인의 현재」, 종간호, 사토 노부유키, 위량복

해제자
전성곤

해제자 소개

서정완 한림대학교 일본학연구소, 사업단장
전성곤 한림대학교 일본학연구소, HK교수
김현아 한림대학교 일본학연구소, HK연구교수
임성숙 한림대학교 일본학연구소, HK연구교수

한림대학교 일본학연구소 일본학자료총서 II
〈계간 삼천리〉 시리즈

계간 삼천리 해제집 *8*

초판 인쇄 2021년 2월 20일
초판 발행 2021년 2월 28일

해 제 | 한림대학교일본학연구소
펴 낸 이 | 하운근
펴 낸 곳 | 學古房

주 소 | 경기도 고양시 덕양구 통일로 140 삼송테크노밸리 A동 B224
전 화 | (02)353-9908 편집부(02)356-9903
팩 스 | (02)6959-8234
홈페이지 | www.hakgobang.co.kr
전자우편 | hakgobang@naver.com, hakgobang@chol.com
등록번호 | 제311-1994-000001호

ISBN 979-11-6586-143-8 94910
978-89-6071-900-2 (세트)

값 12,000원